Exotische Küche

Nordafrikanische Küche

Original Kochrezepte aus den Maghreb-Ländern Marokko, Algerien, Tunesien und Libyen

Mohamad Nader Asfahani

Der Autor und der Verlag bedanken sich bei allen, die
sie mit Rezepten versorgt haben, damit
dieses Buch auf dem deutschsprachigen
Markt erscheinen
konnte.

1. Auflage 1991 ❀ 2. Auflage 1993 ❀ 3. Auflage 1994
4. Auflage 1996 ❀ 5. Auflage 1999 ❀ 6. Auflage 2003
Nach der neuen Rechtschreibreform

Bearbeitung: Christina Khenkhar

Übersetzung, Gestaltung, Herstellung und Satz:

Asfahani Verlag

Hausbrucher Straße 54 / D-21147 Hamburg
Federal Republic of Germany
Telefon 040-7967951 Fax 040-7967955
eMail: asfahani-verlag@t-online.de

ISBN 3-927459-94-1

Exotische Küche Kochbücher aus dem Süden

☺ Alle Rezepte sind für 3 bis 4 Personen gedacht.
Irrtum und Änderung vorbehalten.

Sachregister

Kurze Informationen

Gewürze aus Nordafrika...... 7

Harissa................................. 8

Kuskus................................. 8

Vor- und Nachspeisen und Salate

Tunesischer Salat................. 9

Gemischter Salat................. 10

Peperoni Salat..................... 10

Salat-gegrillt........................ 11

Spargelkürbissalat............... 12

Karottensalat...................... 13

    Variante 2.................. 14

Bohnensalat....................... 14

Kartoffelsalat...................... 15

Kartoffelsalat mit

    Rote-Bete.................. 15

Kartoffeln in Gewürzsoße..... 16

Auberginenpüree................ 17

Auberginensalat..................18

Auberginensalat mit

    Koriander................... 18

Auberginensalat mit

    Kümmel...................... 19

Spinatsalat......................... 20

Nierensalat......................... 20

Omelett mit Würstchen........ 21

Kartoffelomelett..................22

Tomatenomelett.................. 23

Omelett mit Spinat.............. 23

Omelett mit Hackfleisch........ 24

Suppen

Linsensuppe........................ 25

Algerische Suppe................ 26

Muskrautsuppe.................... 27

Bohnensuppe...................... 28

Fleischsuppe....................... 28

Weizenschrotsuppe............. 29

    Variante 2.................. 30

Linsensuppe mit Fleisch....... 31

Fleischsuppe mit Kartoffeln 32

Fischsuppe......................... 33

Reisgerichte

Reis-Grundrezept 1............. 34
   Grundrezept 2............ 34
Reis mit Erbsen................. 35
Reis mit breiten Bohnen....... 36
Reis mit Hackfleisch............ 36

Reis mit Fleisch.................. 37
Reis mit Huhn..................... 38
Tomatenreis....................... 39
Reis mit Fisch.................... 40

Kuskus

Kuskus mit Fleisch............... 41
Kuskus mit Auberginen......... 42
Kuskus mit Zwiebeln........... 43

Kuskus mit Gemüse........... 44
Kuskus mit Fisch................ 45
Kuskus mit Mandeln........... 46

Fleisch- und Gemüsegerichte

Lammragout........................ 47
Süßes Fleisch.................... 48
Lamm mit Aprikosen............ 49
Spießfleisch...................... 49
Petersilienragout................. 51
Gefülltes Fleisch mit
   Petersilie.................... 52
Fleisch mit Oliven............... 52
Gebratene Lammkeule......... 53
Gebratene Lammkeule
   mit Gemüse................ 54
Lammfleisch mit
   Quitten...................... 55
Schmorbraten (Tajin)........... 55
Tajin mit Kartoffeln............. 56
Tajin mit Backpflaumen........ 57
Tajin mit Bohnen................. 58
Tajin mit Flaschenkürbis...... 59
Tajin mit
   Hackfleischbällchen.... 60

Muskraut mit Fleisch............ 60
Okra-Auflauf...................... 61
Fleisch mit Kichererbsen
   und Zwiebeln.............. 62
Spinat mit Fleisch................ 63
Gefüllte Lammbrust mit
   Kuskus....................... 64
Gemüse mit Ei................... 65
Ei mit grünen Bohnen.......... 66
Trüffel............................. 67
Artischocken mit Kartoffeln   67
Gefüllte Weinblätter............. 68
Gefüllte Artischocken........... 69
   Variante 2................... 70
Gefüllter Flaschenkürbis...... 71
Kartoffeln mit Kümmel.......... 72
Erbsen mit Artischocken....... 73
Leber in Tomatensoße.......... 73
Nieren-und Leberspieß........ 74
Frikadellen....................... 75

Geflügelgerichte

Huhn mit Kichererbsen......... 76
Hähnchen mit Zwiebeln
    und Kichererbsen........ 77
Gebratenes Hähnchen
    mit Zitrone.................. 78
Huhn mit Koriander............. 78
Hühnerfrikadellen................ 79
Huhn mit Oliven................... 80
Gefülltes Hähnchen............. 81
Huhn mit Backpflaumen....... 83

Huhn mit Zwiebeln............... 84
Schmorhuhn........................ 85
Huhn mit Obst..................... 86
Hähnchen mit Ingwer........... 86
Huhn mit Knoblauch............. 87
Huhn mit Knoblauch und
    Gemüse...................... 88
Huhn mit Mandeln............... 88
Putenragout........................ 89
Huhn mit Peperoni............... 90

Fischgerichte

Gerösteter Fisch.................. 91
Gebratene Sardinen............. 91
Fischstäbchen...................... 92
Gefüllter Fisch mit Datteln.... 93
Gefüllter Fisch mit Reis........ 94
Fischragout......................... 95

Fisch mit Tomaten................ 96
Salzfisch mit Kartoffeln......... 97
Fisch mit Gewürzsoße.......... 97
Fisch mit Zwiebeln............... 98
Gebackener Fisch................ 99

Teigspeisen

Blätterteig mit
    Fleischfüllung.............. 100
Blätterteig........................... 101
Blätterteig mit Hackfleisch.... 102
Teigtaschen mit
    Champignons............... 102
Teigtaschen mit Tunfisch...... 103
Teigtaschen mit Spinat......... 104
Teigtaschen mit Kartoffeln.... 105
Teigtaschen mit Fleisch
    und Käse...................... 105

Blätterteig mit
    Hähnchenfüllung......... 106
Teigtaschen mit Fleisch........ 107
Teigblätter in
    Fleischsoße................. 108
Gefüllte Teigtaschen mit
    Peperoni...................... 109
Grießbrot............................ 110
Fladenbrot........................... 111
Gebackene
    Nudeln......................... 112

Süßspeisen, Gebäck und Getränke

Zuckersirup............................ 113
Datteln in Sirup..................... 113
Kuskus mit Rosinen............. 114
Kuskus mit Datteln................ 115
Teigkugeln in Sirup............... 115
Nussschnitten........................ 116
Gefüllte runde
      Teigtaschen................. 117
Krapfen................................. 118
Teigtaschen mit Datteln.........119

Gefüllte Teigrollen in
      Honig.......................... 120
Mandelkugeln in Sirup.......... 121
Gefüllte Blätterteigrollen
      mit Nüssen...................121
Grüner Tee............................ 122
Heißes Milchgetränk............. 123
Grießkonfekt in Sirup............ 123
Grießkonfekt mit
      Kokosnuss................... 124

Einlegen in Essig

Eingelegte Pfefferschoten..... 125
Eingelegte Auberginen......... 126
      Variante 2.................... 126

Eingelegte Mangos............... 127
Eingelegte Rüben................. 128
Eingelegter Knoblauch..........128

Kurze Informationen

Die Küche der Maghreb-Länder unterscheidet sich in vielen Gerichten von der arabischen Küche. Deshalb haben wir unser erstes Kochbuch über die arabische Küche mit sehr wenigen Kochrezepten aus den Maghreb-Ländern (Marokko, Tunesien, Algerien und Libyen), die im Nahen Osten und Ägypten bekannt sind (manchmal unter anderen Namen), veröffentlicht. Dank der vielen Nordafrikaner, die uns mit Rezepten versorgt haben, und vor allem meinem Freund Djelloul Aroui, konnten wir dieses Buch zusammenstellen und veröffentlichen.

Gewürze aus Nordafrika

Karawia oder Caraway:
Kümmel.

Harissa (Chilipaste):
Gewürzmischung, besteht aus ca. 20 verschiedenen Gewürzen, darunter frische Chilischoten und Knoblauch.
Harissa bekommt man in arabischen oder nordafrikanischen Lebensmittelläden, oder man kann es selber zubereiten.
! Vorsicht !, bevor man die Chilischoten zur Herstellung von Harissa anfässt, muß man folgendes beachten:
Ziehen Sie bitte Gummihandschuhe an. Damit wird verhindert, daß die ätherischen Öle Ihnen Hautjucken verursachen. Außerdem berühren Sie nicht Ihre Augen während des Arbeitens mit Chili.
Chili nur mit kaltem Wasser waschen. Heißes Wasser kann manchmal bei getrockneten Chilis Dämpfe entwickeln, die die Augen und Schleimhäute reizen.

Zutaten für Harissa:

100 g Chilischoten, Stielansätze entfernen, der Länge nach halbieren, Samen entfernen, ca. 30 Minuten in kaltes Wasser legen, in ein Sieb geben und abtropfen lassen
4 bis 5 Knoblauchzehen, vierteln
1/2 Teelöffel Karawia
2 bis 3 Teelöffel verschiedene Gewürze, oder Garam Masala (asiatische Gewürzmischung)
Salz und Pfeffer
Öl

So wird es gemacht:

☺ Knoblauchzehen, etwas Salz und Gewürze in einen Mörser geben und zerdrücken ➡ Chili dazugeben und zu einer weichen Paste zerdrücken ➡ Chilipaste in ein Glas pressen, mit Öl bedecken ➡ Glas gut verschließen und aufbewahren.

****

Ras el Hanut: Gewürzmischung, die wir nicht im Buch erwähnt haben, da sie in Deutschland nicht (oder selten) zu bekommen ist.

****

Kuskus oder Kuskusi

Kuskus wird in einem speziellen Kuskustopf gedämpft (so ähnlich wie auf unserer Abbildung 1).
Wir haben statt dessen einen normalen Topf verwendet und darauf ein Metallsieb gestellt.
Nur roten oder grauen Kuskus verwenden.
Vor dem Dämpfen, Kuskus mit kaltem Wasser anfeuchten und mit den Händen durchkneten, damit er nicht klumpig wird.
Außerdem die Hinweise auf dem Beutel lesen.

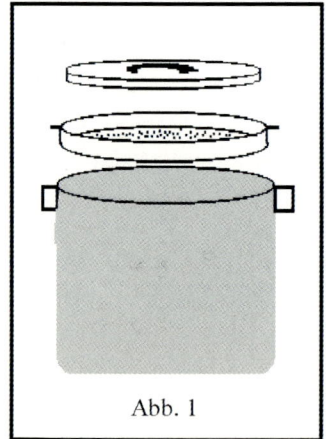

Abb. 1

Vor- und Nachspeisen und Salate

Tunesischer Salat

Zutaten:

1 Kopfsalat, Blätter gründlich waschen, abtropfen lassen und zerkleinern
2-3 Tomaten, halbieren, Samen entfernen und in Ringe schneiden
1 kleine Gurke, schälen und in Ringe schneiden
2 Zwiebeln, schälen und in Ringe oder Streifen schneiden
Saft einer halben Zitrone
1 Teelöffel Weinessig
1 Bund Radieschen, waschen und halbieren
2-3 hart gekochte Eier, schälen und in Scheiben schneiden
1/2 Bund Pfefferminze, Blätter waschen und hacken, oder
1 Esslöffel trockene Minze
Oliven (Menge nach Belieben)
Salz
Pfeffer
Olivenöl

So wird es gemacht:

☺ Olivenöl, Salz, Pfeffer, Essig, Zitronensaft und Pfefferminze in eine Schale geben und verrühren ➟ zuerst Salatblätter in die Soße geben und gut darin wälzen, dann die restlichen Zutaten (außer Eierscheiben) dazugeben und gut vermengen ➟ mit Eierscheiben garnieren und servieren.

✳✳✳✳✳✳✳✳✳✳

9

Gemischter Salat

Zutaten:

1 Kopfsalat, Blätter waschen, abtropfen lassen und zerkleinern
150 bis 200 g Tomaten, waschen, halbieren und in Streifen schneiden
2 bis 3 Zwiebeln, schälen, halbieren und in Streifen schneiden
1 Bund Radieschen, waschen
Oliven (Menge und Sorte nach Belieben)
1 bis 2 Knoblauchzehen mit etwas Salz zerdrücken
1/4 Bund Petersilie, Blätter waschen und hacken
1/4 Bund Pfefferminze, Blätter waschen und hacken
Saft von 1 bis 2 Zitronen
Salz
Pfeffer
Olivenöl

So wird es gemacht:

☺ Olivenöl, etwas Zitronensaft, Petersilie, Pfefferminze, Knoblauchpaste, Salz und Pfeffer in eine große Schüssel geben und gut durchrühren ➡ alle anderen Zutaten dazugeben und gut vermengen ➡ mit Zitronensaft und Salz abschmecken und servieren.

****

Peperoni Salat

Zutaten:

200 bis 250 g lange milde Peperoni, Stielansätze entfernen, der Länge nach halbieren und Samen entfernen
1 Bund Petersilie, Blätter waschen und hacken
Saft einer Zitrone
1/2 Esslöffel getrocknete Pfefferminze
1 Teelöffel Kümmel
1/4 Knoblauchzehe, mit etwas Salz zerdrücken (oder eine Prise Knoblauchsalz)
Salz und Pfeffer
Olivenöl (nach Belieben)

10

So wird es gemacht:

☺ Peperonihälften über Feuer grillen, bis sich die Haut dunkel färbt ⟶ Haut abziehen ⟶ Peperoni in Streifen schneiden und in eine Schüssel geben.

☺ Zitronensaft, Knoblauchpaste (oder Knoblauchsalz), Pfefferminze, Petersilie, Kümmel, Salz, Pfeffer und Olivenöl in eine kleine Schale geben und verrühren ⟶ über die Peperoni geben, gut vermengen, abschmecken und servieren.

◯ Man kann auch die halbierten Peperoni mit Alufolie gut umhüllen und im vorgeheizten Backofen (ca. 200°C) 15 bis 20 Minuten garen.

✻✻✻✻✻✻✻✻✻✻✻

Salat-gegrillt

Zutaten:

1 grüne Paprikaschote, Stielansatz entfernen, der Länge nach halbieren und Samen entfernen
4 lange milde Peperonischoten, Stielansätze entfernen, der Länge nach halbieren und Samen entfernen
2 feste Tomaten
2 bis 3 Zwiebeln, schälen
1 Knoblauchzehe, mit etwas Salz zerdrücken
Saft einer halben Zitrone
1 Teelöffel 7Gewürze (Gewürzmischung) oder Garam Masala
1 Teelöffel Kümmel
Salz
Pfeffer
Olivenöl

So wird es gemacht:

☺ Paprika, Peperoni, Tomaten und Zwiebeln über Feuer grillen, bis sich die Haut dunkel färbt oder mit Alufolie gut umhüllen und im vorgeheizten Backofen (ca. 200°C) 15 bis 20 Minuten garen ⟶ Haut abziehen ⟶ in kleine Streifen schneiden und in eine Salatschüssel geben ⟶ Zitronensaft, Knoblauchpaste, Gewürze, Olivenöl, Salz und Pfeffer zu einer Salatsoße verrühren und über die Zutaten geben ⟶ gut vermengen ⟶ mit Olivenöl beträufeln und servieren.

Zucchini oder Spargelkürbissalat

Slatet Kharaa

Zutaten:

2 bis 3 mittelgroße Spargelkürbisse (Flaschenkürbis oder weiße Zucchini), Ansätze abschneiden, schaben und in Scheiben schneiden
1 bis 2 Knoblauchzehen, mit etwas Salz zerdrücken
Zitronensaft
1 Teelöffel Kümmel
1/2 Teelöffel Paprikapulver
1/2 Teelöffel Piment
2 Esslöffel gehackte Petersilie
Salz
Pfeffer
Olivenöl

So wird es gemacht:

☺ Öl in einem Topf erhitzen ⇒ Zucchinischeiben dazugeben und braten, bis sie sich dunkel färben ⇒ Knoblauchpaste untermengen und kurz weiterbraten ⇒ mit Wasser fast bedecken ⇒ Piment, Paprikapulver, Salz, Pfeffer und Petersilie dazugeben und gut umrühren ⇒ kurz zum Kochen bringen, dann bei schwacher Hitze köcheln lassen, bis die meiste Flüssigkeit verdampft ist und die Zucchini sehr weich sind ⇒ abschmecken ⇒ in eine Schüssel geben ⇒ mit Kümmel bestreuen und mit Zitronensaft beträufeln.

✳✳✳✳✳✳✳✳✳✳

Karottensalat

Zutaten:

5 große oder 8 bis 9 kleine Karotten, schaben, Ansätze
abschneiden und in Streifen oder Scheiben schneiden
3 Esslöffel gehackte Petersilie
1 Knoblauchzehe, vierteln
1/2 Teelöffel Kümmel
1/2 Teelöffel Piment
1/4 Teelöffel Paprikapulver
1 Esslöffel Zitronensaft
3 Esslöffel Olivenöl oder ein anderes Öl
Salz
Pfeffer

So wird es gemacht:

☺ Karotten und Knoblauch in einen Topf geben ➟ mit Wasser
bedecken ➟ salzen ➟ kochen, bis die Karotten gar sind (ca. 15
Minuten) ➟ in ein Sieb geben und abtropfen lassen.
☺ Alle anderen Zutaten (außer Petersilie) in einer Schüssel zu
einer Soße mischen ➟ die abgetropften Karotten und den
Knoblauch dazugeben und gut vermengen ➟ mit Petersilie
garnieren und kalt servieren.

✳✳✳✳✳✳✳✳✳✳

Variante 2

Zutaten:

4 Karotten, schaben, Ansätze abschneiden und in sehr feine Streifen schneiden (oder ein Reibeisen verwenden)
Saft einer halben Zitrone
1/2 Esslöffel (oder mehr) Orangenblütenwasser
Salz

So wird es gemacht:

☺ Alle Zutaten in eine Schüssel geben und gut vermengen ➡ abschmecken und kalt servieren.

✱✱✱✱✱✱✱✱✱✱

Bohnensalat

Zutaten:

1 Tasse getrocknete weiße Bohnen, über Nacht in kaltem Wasser einweichen
2 Esslöffel dunkle Linsen
1/8 Tasse Olivenöl
Saft einer halben Zitrone
1 Teelöffel Weinessig
1 bis 2 Esslöffel gehackte Petersilie
Einige Oliven (zum Garnieren)
Prise Knoblauchsalz
Pfeffer
Paprikapulver
Salz

So wird es gemacht:

☺ Bohnen und Linsen in ca. 1 Liter Salzwasser gar kochen ➡ in ein Sieb geben und abtropfen lassen ➡ inzwischen die Soße vorbereiten: Olivenöl, Zitronensaft, Essig, Petersilie, Salz, Pfeffer, Prise Knoblauchsalz und Paprikapulver in eine große Schüssel geben und mischen ➡ die Bohnen und Linsen untermengen ➡ abschmecken und servieren.

✱✱✱✱✱✱✱✱✱✱

14

Kartoffelsalat

Zutaten:

250 g Kartoffeln, kochen, schälen, in dünne Scheiben schneiden und in eine Schüssel geben
2 Knoblauchzehen, vierteln
1 Esslöffel gehackter Koriander, ersatzweise 1 Teelöffel getrockneter Koriander
Zitronensaft
Salz
Öl
Oliven

So wird es gemacht:

☺ Knoblauch, Koriander und etwas Salz in einen Mörser geben und zerdrücken ⇒ Öl und Zitronensaft dazugeben und verrühren ⇒ über die Kartoffeln geben und gut vermengen ⇒ abschmecken ⇒ mit Oliven garnieren und servieren.

✳✳✳✳✳✳✳✳✳✳

Kartoffelsalat mit Rote-Bete

Zutaten:

250 g Kartoffeln, gar kochen, schälen und in Scheiben schneiden
1 Rote-Bete, gar kochen, schälen und in kleine Würfel schneiden
1 Zwiebel, fein hacken
2 Esslöffel gehackte Petersilie
Essig
Salz
Pfeffer
Öl

So wird es gemacht:

☺ Kartoffeln, Rote-Bete, Zwiebel und Petersilie in eine Schale geben und gut vermengen ⇒ mit Essig, Salz und Pfeffer abschmecken ⇒ Öl darübergeben und servieren.

Kartoffeln in Gewürzsoße

Zutaten:

250 g Kartoffeln, schälen, halbieren und in Streifen schneiden
2 Knoblauchzehen, mit etwas Salz zerdrücken
1/4 Tasse Wasser
1/2 Teelöffel Paprikapulver (mittelscharf)
Salz
Pfeffer
Öl

So wird es gemacht:

☺ Kartoffeln in heißem Öl braten ⇒ aus dem Öl nehmen, abtropfen lassen und in eine Schüssel geben.
☺ Wasser, 1 bis 2 Esslöffel Öl, Knoblauchpaste, Paprikapulver, Pfeffer und Salz in einen kleinen Topf geben und gut verrühren ⇒ zum Kochen bringen, dann bei schwacher Hitze einige Minuten köcheln lassen ⇒ über die Kartoffeln geben ⇒ gut vermengen und servieren.

✳✳✳✳✳✳✳✳✳✳

Auberginenpüree

Zutaten:

2 lange Auberginen, schälen und zerkleinern
2 bis 3 Knoblauchzehen, schälen und in Streifen schneiden
15 ml (ca. 1 Esslöffel) Senföl
Saft einer halben Zitrone
1/2 bis 1 Teelöffel Harissa
Prise 7-Gewürze oder Garam Masala
Salz
Pfeffer
Olivenöl
weißer Käse und einige Oliven zum Garnieren

16

So wird es gemacht:

☺ Auberginen und Knoblauchstreifen in Salzwasser gar kochen ⟶ mit einem Schaumlöffel aus dem Wasser nehmen und abtropfen lassen ⟶ in eine Schüssel geben und mit Hilfe einer Gabel oder Küchenmaschine pürieren ⟶ Senföl, Harissa, Prise 7-Gewürze, Salz und Pfeffer dazugeben und gut vermengen. Falls nötig etwas Wasser dazugeben ⟶ Oberfläche mit der Gabel glätten ⟶ Olivenöl und Zitronensaft darübergeben (Menge nach Belieben) ⟶ mit Käse und Oliven garnieren und servieren.
○ Man kann auch tiefe Schnitte in die Auberginen schneiden und die Knoblauchstreifen darein pressen, dann die Auberginen mit Alufolie umhüllen und im Backofen bei 200°C 15 bis 20 Minuten backen, danach wird die Haut abgezogen.

✳✳✳✳✳✳✳✳✳✳

Auberginensalat

Zutaten:

1 große Aubergine (ca. 500 g)
2 große Tomaten, der Länge nach halbieren, Samen entfernen und fein hacken
ca. 2 Esslöffel Essig
1/2 Teelöffel Karawia
Salz
Pfeffer
Öl
Alufolie

So wird es gemacht:

☺ Backofen auf 200°C vorheizen.

☺ Aubergine gut in Alufolie hüllen und im Backofen ca. 30 Minuten backen ➟ Alufolie aufmachen ➟ Auberginenschale mit einen Messer abziehen oder -schaben ➟ Stielansatz entfernen ➟ Auberginenfleisch in Streifen schneiden dann würfeln und in eine Schale geben ➟ Tomaten untermengen.

☺ 2 bis 3 Esslöffel Öl, Essig, Karawia, Salz und Pfeffer in eine kleine Schale geben und gut verrühren ➟ über die Auberginenmischung geben ➟ gut vermengen, abschmecken und servieren.

****

Auberginensalat mit Koriander

Zutaten:

2 mittelgroße Auberginen (ca. 500 g)
8 Knoblauchzehen, schälen und halbieren
1 bis 2 Teelöffel Harissa
ca. 1 Esslöffel Essig
1 Esslöffel gehackter Koriander, oder 1 Teelöffel getrockneter Koriander
Salz
einige Löffel Öl
Oliven (Menge nach Belieben)

So wird es gemacht:

☺ Backofen auf 200°C vorheizen.

☺ Mit einen Messer tiefe Schnitte in die Auberginen schneiden und die Knoblauchzehen hineinpressen ➟ Auberginen gut in Alufolie hüllen und im Backofen ca. 30 Minuten backen, dann aus dem Ofen nehmen ➟ Alufolie aufmachen und die Schalen mit einem Messer abziehen oder -schaben ➟ Stielansätze entfernen ➟ Fruchtfleisch in eine Schale geben ➟ kurz abkühlen lassen, dann mit einer Gabel pürieren.

☺ Harissa, Öl, Koriander, Essig und Salz in eine kleine Schale geben und gut vermengen ➟ über das Auberginenpüree geben

➡ gut vermengen ➡ abschmecken ➡ mit Oliven garnieren und servieren.

✳✳✳✳✳✳✳✳✳✳

Auberginensalat mit Kümmel

Zutaten:

2 mittelgroße Auberginen, Stielansätze entfernen, waschen, in Streifen schneiden und würfeln
2 bis 3 Knoblauchzehen, mit etwas Salz zerdrücken
1 Teelöffel Kümmel
1 bis 2 Esslöffel Essig
1 Teelöffel Paprikapulver
Salz
etwas Wasser
Öl

So wird es gemacht:

☺ Öl in einer Pfanne erhitzen ➡ Knoblauchpaste dazugeben und kurz dünsten ➡ Auberginen, Salz, Paprikapulver und etwas Wasser dazugeben und gut vermengen ➡ bei mittlerer Hitze garen. Zwischendurch umrühren, bis die Flüssigkeit verdampft ist und die Auberginenwürfel gar sind ➡ Kümmel und Essig dazugeben, gut vermengen und servieren.

✳✳✳✳✳✳✳✳✳✳

Spinatsalat

Zutaten:

250 g Blattspinat, waschen und abtropfen lassen
1 Knoblauchzehe, mit etwas Salz zerdrücken
75 ml Jogurt
Salz
Pfeffer

So wird es gemacht:

☺ Spinat im eigenen Saft gar dünsten ➡ in eine Schüssel geben und abkühlen lassen ➡ Jogurt mit Knoblauchpaste, Pfeffer und Salz mischen ➡ abschmecken und über den Spinat geben, gut vermengen und servieren.

✳✳✳✳✳✳✳✳✳✳

Nierensalat

Zutaten:

500 g Kalbs- oder Lammnieren
Saft einer Zitrone
2 Esslöffel Weinessig, mit etwas Wasser verdünnen
1 Bund Petersilie, Blätter waschen und hacken
Salz, Pfeffer und Harissa
Öl oder Butter

So wird es gemacht:

☺ Nieren waschen und enthäuten ➡ Sehnen und Fett entfernen ➡ 1 Stunde in Essigwasser legen. Zwischendurch wenden ➡ Essigwasser abgießen ➡ Nieren waschen und in Hälften schneiden ➡ in wenig Öl oder Butter einige Minuten gar braten ➡ mit Salz, Pfeffer und Harissa abschmecken ➡ Zitronensaft darübergeben, mit Petersilie garnieren und servieren.

✳✳✳✳✳✳✳✳✳✳

Omelett mit Würstchen

Zutaten:

4 Eier, in eine Schale geben und verrühren
4 bis 5 Gewürzwürstchen (in türkischen, italienischen oder nordafrikanischen Lebensmittelläden erhältlich), in Scheiben schneiden
2 bis 3 Knoblauchzehen, mit etwas Salz und 1/2 Teelöffel Karawia zerdrücken
1 Teelöffel Harissa
1 Esslöffel Tomatenmark, in ca. 1/2 Tasse Wasser auflösen
Salz und Paprikapulver
Öl

So wird es gemacht:

☺ 2 bis 3 Esslöffel Öl in eine Pfanne geben und erhitzen ➡ aufgelöstes Tomatenmark dazugeben und umrühren ➡ Knoblauchpaste, Harissa, Salz und Paprikapulver dazugeben und verrühren ➡ 7 bis 8 Minuten kochen lassen, dann die Würstchenringe dazugeben ➡ 10 bis 15 Minuten köcheln lassen, bis die Würstchenringe gar sind. Dabei umrühren ➡ Eier darübergeben und vorsichtig unterheben ➡ Pfanne zudecken und einige Minuten bei schwacher Hitze garen, bis die Eier gestockt sind ➡ heiß servieren.

✳✳✳✳✳✳✳✳✳

Kartoffelomelett

Zutaten:

5 bis 6 Kartoffeln, schälen, würfeln, waschen und abtropfen lassen
3 bis 4 Eier, aufschlagen, in ein Glas geben und verrühren
1 kleine Zwiebel, fein hacken
1 bis 2 Knoblauchzehen, mit etwas Salz zerdrücken
1/2 Teelöffel Harissa
1 Esslöffel Tomatenmark, in 1/2 Tasse Wasser auflösen
1/4 Teelöffel Karawia
je 1/4 Teelöffel Piment und Paprikapulver
Salz und Pfeffer
Öl

So wird es gemacht:

☺ Öl in einer Pfanne erhitzen ➡ Kartoffelwürfel dazugeben und braten ➡ aus der Pfanne nehmen, abtropfen lassen und beiseite stellen ➡ Zwiebeln in der gleichen Pfanne glasig dünsten ➡ Knoblauchpaste, Gewürze und aufgelöstes Tomatenmark dazugeben und gut verrühren ➡ zum Kochen bringen ➡ Kartoffeln dazugeben und gut mischen ➡ köcheln lassen, bis die Kartoffeln weich sind und ein Teil der Flüssigkeit verdampft ist ➡ Eier unterheben ➡ Pfanne zudecken und einige Minuten köcheln lassen, bis die Eier gestockt sind ➡ heiß mit Brot servieren.

✳✳✳✳✳✳✳✳✳

Tomatenomelett

Zutaten:

5 Tomaten, Haut anritzen, mit kochendem Wasser überbrühen, Haut abziehen, der Länge nach halbieren, Samen entfernen und hacken
4 bis 5 Eier, aufschlagen, in ein Glas geben und verrühren
1 bis 2 Knoblauchzehen, mit etwas Salz zerdrücken
1 Teelöffel Harissa
1/4 Teelöffel Karawia
1 Esslöffel Tomatenmark, in ca. 1/2 Tasse Wasser auflösen
Salz
Pfeffer
Öl

So wird es gemacht:

☺ Öl in einer großen Pfanne erhitzen ➡ Tomaten dazugeben und dünsten, bis die meiste Flüssigkeit verdampft ist ➡ Tomatenmark und die restlichen Zutaten (außer Eier) dazugeben und gut vermengen ➡ köcheln lassen, bis die Soße dicker wird ➡ Eier unterheben ➡ Pfanne zudecken und einige Minuten garen, bis die Eier gestockt sind.
○ Zum besseren Geschmack, kann man einige lange milde Peperoni beim ersten Kochvorgang verwenden. Vorher muß man die Peperoni entkernen und hacken.

✳✳✳✳✳✳✳✳✳✳

Omelett mit Spinat

Zutaten:

100 bis 150 g Blattspinat, waschen, blanchieren, in ein Sieb geben und abtropfen lassen
4 Eier, aufschlagen, in ein Glas geben und verrühren
Salz und Pfeffer
Öl oder Butter

So wird es gemacht:

☺ Öl oder Butter in einer Pfanne erhitzen ➝ Spinat dazugeben und kurz dünsten ➝ salzen und pfeffern ➝ Eier darübergeben und gut vermengen ➝ Pfanne zudecken und einige Minuten garen, bis die Eier gestockt sind.

✳✳✳✳✳✳✳✳✳✳

Omelett mit Hackfleisch

Zutaten:

150 g bzw. 250 g Rinderhack
2 bzw. 4 Eier, in ein Glas geben und verrühren
1 Esslöffel gehackte Petersilie
Harissa (je nach Geschmack)
Salz und Pfeffer
Prise Karawia
Öl oder Butter

So wird es gemacht:

☺ Öl oder Butter in einer Pfanne erhitzen ➝ Hackfleisch dazugeben und knusprig braten ➝ Petersilie, Harissa, Prise Karawia, Salz und Pfeffer dazugeben und gut vermengen ➝ Eier unterheben ➝ Pfanne zudecken und backen, bis die Eier gestockt sind ➝ heiß mit Brot und Salat servieren.

✳✳✳✳✳✳✳✳✳✳

Suppen

Linsensuppe

Zutaten:

100 g braune Linsen, sortieren, waschen, in ein Sieb geben und abtropfen lassen
1 Markknochen, waschen
100 g Lamm- oder Rindfleisch, in kleine Würfel schneiden, waschen und abtropfen lassen
ca. 50 g Mehl
1 bis 2 Zwiebeln, fein hacken
Saft einer Zitrone
2 Esslöffel Tomatenmark
1 Teelöffel getrockneter Koriander
1 Bund Petersilie, Blätter waschen und hacken
je 1/2 Teelöffel Kurkuma und Zimt
1/4 Teelöffel Harissa
Salz und Pfeffer
Öl oder Butter

So wird es gemacht:

☺ Markknochen in einen Topf geben ➟ 1 bis 1,5 Liter Wasser darübergeben und daraus eine Brühe kochen ➟ Brühe sieben.
☺ Öl oder Butter in einem großen Topf erhitzen ➟ Zwiebeln dazugeben und glasig dünsten ➟ Fleischstücke dazugeben und braten, bis sie Farbe annehmen ➟ Linsen untermengen ➟ Brühe darübergießen und kurz zum Kochen bringen, dann bei schwacher Hitze köcheln lassen, bis die Linsen weich sind. Falls viel Flüssigkeit verdampft ist, Wasser dazugeben.
☺ Von der Brühe 1 bis 2 Tassen abnehmen ➟ zuerst das Mehl, dann das Tomatenmark darin auflösen ➟ in die Suppe geben und umrühren ➟ die restlichen Zutaten dazugeben und gut verrühren ➟ ca. 10 Minuten köcheln lassen und heiß servieren.

Algerische Suppe

Zutaten:

1 lange milde Peperoni, Stielansatz entfernen, der Länge nach halbieren, Samen entfernen und hacken
3 bis 4 Knoblauchzehen, vierteln
1/2 Esslöffel Zimt
1½ Esslöffel Paprikapulver (süß)
1/4 Teelöffel Karawia
Salz und Pfeffer
Öl
2 Esslöffel Essig
4 Esslöffel Teig:

> 1/2 Tasse Mehl oder Farina mit etwas Backpulver mischen ➡ Prise Salz und etwas Wasser darübergeben und zu einem Teig kneten ➡ Teig zudecken und über Nacht stehen lassen.

So wird es gemacht:

☺ Knoblauch mit etwas Salz zerdrücken ➡ Peperoni, Karawia und Pfeffer dazugeben und zu einer weichen Paste zerdrücken ➡ Öl in einem Topf erhitzen ➡ Gewürzpaste dazugeben und 3 bis 4 Minuten dünsten. Dabei umrühren ➡ einen guten Liter Wasser darübergeben ➡ Paprikapulver darübersteuen und umrühren ➡ kurz zum Kochen bringen, dann bei schwacher Hitze köcheln lassen.

☺ ca. 1½ Tassen Wasser in eine Schale geben ➡ Teig in das Wasser geben und auflösen ➡ Essig dazugeben ➡ gut verrühren und in die Suppe geben ➡ einige Minuten bei mittlerer Hitze kochen lassen, dabei ununterbrochen umrühren ➡ mit Zimt bestreuen und servieren.

Linsensuppe

Zutaten:

250 g Linsen, waschen, abtropfen lassen, in einen Topf geben, mit reichlich Wasser ca. 10 Minuten kochen, in ein Sieb geben und abtropfen lassen
150 g Rindfleisch, würfeln, waschen und abtropfen lassen
1 Zwiebel, hacken
eine Handvoll Reis, waschen
1 Bund Petersilie, Blätter waschen und hacken
1/2 Teelöffel Zimt
Salz und Pfeffer
1 bis 2 Eßlöffel Butter

So wird es gemacht:

☺ Alle Zutaten (außer Reis) in einen Topf geben und mit Wasser bedecken ➡ Topf zudecken und ca. 15 Minuten kochen lassen ➡ Reis und 1 bis 2 Tassen Wasser darübergeben, gut vermengen und ca. 10 bis 15 Minuten kochen lassen ➡ abschmecken und heiß servieren.

✳✳✳✳✳✳✳✳✳✳

Fleischsuppe mit Kartoffeln

Zutaten:

250 g Kartoffeln, schälen, zerkleinern, waschen und abtropfen lassen
150 bis 200 g Rindfleisch, würfeln, waschen und abtropfen lassen
1 Bund Petersilie, Blätter waschen und hacken
Saft einer halben Zitrone
1/2 Teelöffel Zimt
Salz und Pfeffer
1 Esslöffel Öl oder Butter
1½ bis 2 Liter Wasser oder Brühe

So wird es gemacht:

☺ Fleischstücke und 2 Tassen Wasser in einen Topf geben ➡ Zwiebeln, Zimt, Salz und Pfeffer dazugeben, umrühren und gar kochen.

☺ Das restliche Wasser in einen Topf geben ➡ Kartoffeln dazugeben, salzen und kochen lassen, bis sie sehr weich sind ➡ mit Hilfe einer Gabel pürieren, danach ca. 5 Minuten köcheln lassen ➡ Petersilie, Öl und Zitronensaft dazugeben und umrühren ➡ zum Fleisch geben ➡ gut vermengen ➡ abschmecken und heiß servieren.

Fischsuppe

Zutaten:

500 g Fischfilet (verschiedene Sorten), in Stücke schneiden, waschen und abtropfen lassen
2 bis 3 kleine Fische (für die Brühe), säubern, waschen und abtropfen lassen
2 bis 3 Knoblauchzehen, fein hacken
2 Zwiebeln, fein hacken
1 Esslöffel Tomatenmark
1 Bund Petersilie, Blätter waschen und hacken
1 Teelöffel Essig
Zitronensaft
je 1/4 Teelöffel Harissa, Kümmel, Piment und Zimt
1/2 Teelöffel Kurkuma
3 Eigelb
Salz und Pfeffer
Öl

So wird es gemacht:

☺ Öl in einem Topf erhitzen ⟶ Knoblauchpaste und Zwiebeln dazugeben und glasig dünsten ⟶ 1½ Liter Wasser in einen Topf geben ⟶ die kleinen Fische, Gewürze, etwas Petersilie, Essig, Salz und Pfeffer dazugeben und zum Kochen bringen, dann bei schwacher Hitze ca. 1 Stunde köcheln lassen. Falls während des Kochens viel Flüssigkeit verdampft ist, Wasser dazugeben ⟶ Brühe durch ein Sieb geben und in einem Topf auffangen.

☺ Fische aus dem Sieb nehmen ⟶ zerlegen und mit den Fischfiletstücken und der restlichen Petersilie in die Brühe geben und ca. 10 Minuten bei mittlerer Hitze kochen lassen, dann weitere 10 bis 15 Minuten köcheln lassen.

☺ Eigelb in eine Schüssel geben und gut verrühren ⟶ Zitronensaft (nach Geschmack) dazugeben und umrühren ⟶ eine Kelle Brühe darübergießen und erneut umrühren, dann in die Suppe geben und unter Rühren erhitzen, aber nicht mehr kochen ⟶ heiß servieren.

Reisgerichte

In östlichen Ländern wird Reis als Beilage zu Fleisch, Gemüse und Fisch in verschiedenen Varianten serviert.

Grundrezept 1

Zutaten:

1 Tasse Langkornreis
1 Teelöffel Salz
2 Tassen Wasser

So wird es gemacht:

☺ Reis mit kaltem Wasser waschen und in einen Topf geben ➡ 2 Tassen kaltes Wasser darübergießen ➡ Salz dazugeben und umrühren ➡ Topf zudecken und kurz zum Kochen bringen, dann bei schwacher Hitze ca. 20 Minuten köcheln lassen, bis der Reis gar und trocken ist.

****

Grundrezept 2

Zutaten:

1 Tasse Langkornreis
1 Teelöffel Salz
2 Tassen Wasser
2 Esslöffel Öl oder Butter

So wird es gemacht:

☺ Reis mit kaltem Wasser waschen, in ein Sieb geben und abtropfen lassen ➡ Öl oder Butter in einem Topf erhitzen ➡ Reis dazugeben und unter Rühren 3 bis 4 Minuten anrösten ➡ 2

Tassen Wasser und Salz dazugeben und erneut umrühren ➡ Topf zudecken und kurz zum Kochen bringen, dann bei schwacher Hitze ca. 20 Minuten köcheln lassen, bis der Reis gar und trocken ist.

✳✳✳✳✳✳✳✳✳✳

Reis mit Erbsen

Zutaten:

1½ Tassen Langkornreis, waschen
3 Tassen Wasser
1 Tasse frische Erbsen
2 Zwiebeln, fein hacken
1 Esslöffel gehackte Petersilie
1 Esslöffel Tomatenmark, in 1 Tasse Wasser auflösen
Harissa (nach Geschmack)
1 Teelöffel Kurkuma
Salz, Pfeffer und Paprikapulver (süß)
Öl
Butter oder Butterfett

So wird es gemacht:

☺ Reis in ca. 3 Tassen Wasser gar kochen (siehe Seite 34).
☺ Öl in einem Topf erhitzen ➡ Zwiebeln dazugeben und glasig dünsten ➡ Erbsen, aufgelöstes Tomatenmark, Petersilie, Gewürze, Salz und Pfeffer dazugeben und kurz zum Kochen bringen ➡ Topf zudecken und köcheln lassen, bis die Erbsen gar sind. Evtl. etwas Wasser dazugeben.
☺ 1 bis 2 Esslöffel Butter über den Reis geben und gut vermengen, dann die Erbsen mit Soße darübergeben, gut vermengen und heiß servieren.

✳✳✳✳✳✳✳✳✳✳

Reis mit breiten Bohnen

Zutaten:

1½ Tassen Langkornreis, waschen
3 Tassen Wasser
200 g gefrorene oder frische breite Bohnen, kurz mit kochendem
Wasser überbrühen und Haut abziehen
2 Zwiebeln, hacken
1 bis 2 Knoblauchzehen, mit etwas Salz zerdrücken
1 Teelöffel getrockneter Koriander oder 2 Esslöffel frische
gehackte Korianderblätter
Harissa (nach Geschmack)
Salz, Pfeffer und Piment
Öl oder Butter

So wird es gemacht:

☺ Reis gar kochen (siehe Seite 34).
☺ Öl oder Butter in einer Pfanne oder einem Topf erhitzen ➟
Zwiebeln und Koriander dazugeben und glasig dünsten ➟
Bohnen und Knoblauchpaste untermengen und braten, bis sie
etwas weich werden ➟ mit Wasser fast bedecken ➟ Harissa,
Piment, Salz und Pfeffer darübergeben, gut vermengen und
köcheln lassen, bis die Bohnen gar sind.
☺ Bohnen und Soße mit Reis auf einen Servierteller geben ➟
heiß zu Fleisch oder kalt mit Fladenbrot und Jogurt servieren.

✳✳✳✳✳✳✳✳✳✳

Reis mit Hackfleisch

Zutaten:

1½ Tassen Langkornreis, waschen
125 bis 150 g Hackfleisch
1 Zwiebel, hacken
1 Knoblauchzehe, mit etwas Salz zerdrücken
ca. 1 Esslöffel Sojasoße
je 1/4 Teelöffel Harissa, Piment und Zimt
Salz und Pfeffer

Öl oder Butter

So wird es gemacht:

☺ Reis gar kochen (siehe Seite 34).
☺ Öl oder Butter in einem Topf erhitzen ➡ Zwiebel dazugeben und glasig dünsten ➡ Hackfleisch, Knoblauchpaste, Gewürze, Sojasoße, Salz und Pfeffer untermengen und goldbraun braten, dabei Hackfleisch mit einer Gabel zerdrücken ➡ 2 bis 3 Esslöffel Wasser dazugeben und umrühren ➡ vom Herd nehmen.
☺ Den fertig gekochten Reis in eine Servierschüssel geben ➡ in die Mitte eine Mulde drücken, das Hackfleisch hineingeben und servieren.
○ Man kann auch das fertig gebratene Hackfleisch mit dem Reis mischen.

✳✳✳✳✳✳✳✳✳✳

Reis mit Fleisch

Zutaten:

1½ Tassen Langkornreis, waschen
250 g Fleisch, würfeln, waschen und abtropfen lassen
2 bis 3 Zwiebeln, hacken
4 lange milde Peperoni, waschen
1/2 Tasse Kichererbsen, über Nacht in kaltem Wasser einweichen, in ein Sieb geben und abtropfen lassen
1/2 Tasse Zuckererbsen, zerkleinern, waschen und abtropfen lassen
1 Esslöffel Tomatenmark, in einer Tasse Wasser auflösen
Harissa (nach Geschmack)
Salz und Pfeffer
Öl
Butter

So wird es gemacht:

☺ Öl in einem Topf erhitzen ➡ Zwiebeln dazugeben und glasig dünsten ➡ Fleischstücke, Salz und Pfeffer dazugeben und braten, bis sie Farbe annehmen und die Flüssigkeit verdampft ist ➡ 1/2 Liter Wasser darübergießen und umrühren, dann Kichererbsen, Harissa und Tomatenmark dazugeben und erneut umrühren ➡ Topf zudecken, kochen lassen, bis die Kichererbsen gar sind (das kann ca. 1 Stunde dauern). Evtl. Wasser darübergeben ➡ Zuckererbsen und Peperoni untermengen und 10 bis 15 Minuten köcheln lassen, bis alles im Topf gar ist ➡ Topf vom Herd nehmen und nur die Soße in einen anderen Topf gießen ➡ Fleischmischung warm halten.

☺ 3 Tassen Soße, Reis und etwas Salz in einen Topf geben und zudecken ➡ kurz zum Kochen bringen, dann bei schwacher Hitze ca. 20 bis 25 Minuten köcheln lassen, bis der Reis gar und trocken ist ➡ Reis in eine Servierschüssel geben ➡ Fleischmischung darübergießen und heiß servieren.

✳✳✳✳✳✳✳✳✳✳

Reis mit Huhn

Zutaten:

1½ Tassen Langkornreis, waschen
1 Hähnchen, waschen und abtropfen lassen
1 bis 2 Zwiebeln, fein hacken
Muskat (nach Belieben)
Salz, Pfeffer und Paprikapulver (süß)
Öl oder Butter

So wird es gemacht:

☺ Hähnchen in Öl oder Butter von allen Seiten goldbraun braten ➡ mit Wasser bedecken, Salz, Pfeffer, Paprikapulver und Muskat darüberstreuen und gar kochen ➡ Hähnchen aus der Brühe nehmen, zerlegen, Fleisch zerkleinern und warm halten ➡ Brühe durch ein Sieb geben und in einem Topf auffangen.

☺ Öl oder Butter in einem Topf erhitzen ➡ Zwiebeln dazugeben

und glasig dünsten ➟ Reis dazugeben und braten, bis die Körner ihre Farbe ändern ➟ kalte Brühe über den Reis gießen (die Brühe muß ca. 2 Fingerbreit über dem Reis sein) ➟ Salz, Pfeffer, Paprikapulver und Muskat darüberstreuen und umrühren ➟ Topf zudecken und kurz zum Kochen bringen, dann bei schwacher Hitze ca. 20 bis 25 Minuten köcheln lassen, bis der Reis gar und trocken ist ➟ auf einen Servierteller geben ➟ Hähnchenfleisch darauf verteilen und heiß servieren.
○ Man kann auch gebratene Mandelsplitter daraufgeben.

✻✻✻✻✻✻✻✻✻✻✻

Tomatenreis

Zutaten:

1½ Tassen Langkornreis, waschen
3 bis 4 Tomaten, Haut anritzen, mit kochendem Wasser überbrühen, Haut abziehen, der Länge nach halbieren, Samen entfernen und hacken
2 Esslöffel Tomatenmark
1 Zwiebel, fein hacken
1 Teelöffel Oregano
1 Knoblauchzehe, mit etwas Salz zerdrücken
evtl. 1 Esslöffel Sojasoße
Salz und Pfeffer
Öl oder Butter

So wird es gemacht:

☺ Öl oder Butter in einem Topf erhitzen ➟ Zwiebeln dazugeben und goldbraun braten ➟ Knoblauchpaste, Tomaten, Oregano, Salz und Pfeffer untermengen und dünsten, bis viel Flüssigkeit verdampft ist ➟ ca. 2 Tassen Wasser darübergießen ➟ Tomatenmark dazugeben und auflösen ➟ köcheln lassen, bis die Soße dick wird ➟ vom Herd nehmen und abkühlen lassen ➟ Reis dazugeben und kaltes Wasser darübergießen (die Flüssigkeit muß ca. 2 Fingerbreit über dem Reis sein) ➟ Topf zudecken und kurz zum Kochen bringen, dann bei schwacher Hitze ca. 20 bis 25 Minuten köcheln lassen, bis der Reis gar und trocken ist ➟ heiß zu Fleisch oder Gemüsegerichten servieren.

Reis mit Fisch

Zutaten:

500 g Fischfilet, in Stücke schneiden, waschen und abtropfen lassen
1½ Tassen Langkornreis, waschen
2 Zwiebeln, hacken
1 Teelöffel Kurkuma
1/2 Teelöffel Piment oder Paprikapulver (süß)
evtl. 1 Safranfaden in 2 Esslöffel warmem Wasser auflösen
Zitronensaft
Salz und Pfeffer
Öl

So wird es gemacht:

☺ Öl in einem Topf erhitzen ⟶ Zwiebeln dazugeben und glasig dünsten ⟶ Fischfiletstücke, Piment oder Paprikapulver, ca. 1 Esslöffel Zitronensaft, Salz und Pfeffer dazugeben und braten ⟶ Reis darübergeben und gut vermengen ⟶ Wasser, Kurkuma und Safranwasser darübergießen (das Wasser muß ca. 2 Fingerbreit über dem Reis sein) ⟶ umrühren ⟶ Topfdeckel in ein Tuch hüllen und damit den Topf zudecken ⟶ kurz zum Kochen bringen, dann bei schwacher Hitze 20 bis 25 Minuten köcheln lassen, bis der Reis gar und trocken ist ⟶ heiß servieren.

✳✳✳✳✳✳✳✳✳

Kuskus

Kuskus mit Fleisch

Zutaten:

1 Beutel Kuskus (250 oder 500 g), nur roten oder grauen Kuskus verwenden
500 g Lammfleisch, würfeln, waschen und abtropfen lassen
2 bis 3 Zwiebeln, hacken
5 bis 6 kleine Zwiebeln, nur schälen
150 bis 200 g Kichererbsen, über Nacht in kaltem Wasser einweichen, in ein Sieb geben und abtropfen lassen
2 weiße Rüben, schaben, waschen und zerkleinern
2 bis 3 Karotten, schaben, waschen und zerkleinern
2 bis 3 Kartoffeln, schälen und in Scheiben schneiden
2 bis 3 Zucchini, in Scheiben schneiden oder einen großen Flaschenkürbis (weiße Zucchini oder türkische Zucchini)
2 bis 3 Tomaten, vierteln oder in Scheiben schneiden
150 bis 200 g frische grüne Bohnen, halbieren oder vierteln
Harissa (nach Geschmack)
Piment, Paprikapulver, Ingwerpulver, Cayennepfeffer, Salz und Pfeffer
Öl oder Butter

So wird es gemacht:

☺ Kuskus mit etwas kaltem Wasser anfeuchten ➠ mit den Händen durchkneten, damit er nicht klumpig wird (beachten Sie bitte die Herstelleranweisung auf dem Beutel).
☺ Fleischstücke mit Salz, Pfeffer und etwas Gewürzen gar kochen ➠ aus der Brühe nehmen und warm halten (Brühe aufbewahren).
☺ Kichererbsen gar kochen ➠ aus dem Wasser nehmen und warm halten (Kochwasser aufbewahren).
☺ Öl oder Butter in einem Topf erhitzen ➠ gehackte Zwiebeln

41

dazugeben und glasig dünsten ⇒ Kichererbsen und Gewürze dazugeben und einige Minuten braten ⇒ Fleischbrühe und Kichererbsenwasser darübergeben und zum Kochen bringen ⇒ nach und nach die Gemüsesorten, die eine längere Garzeit benötigen, zur Brühe geben ⇒ Fleisch dazugeben ⇒ Kuskus in ein Sieb geben und auf den Topf stellen ⇒ Topf zudecken und die Gemüse garen.

☺ Kuskus auf einen tiefen Teller häufen, Gemüse und Fleischstücke rundherum legen und servieren (Soße extra servieren).

❁❁❁❁❁❁❁❁❁

Kuskus mit Auberginen

Zutaten:

1 Beutel Kuskus (250 oder 500 g), mit kalten Wasser anfeuchten und mit den Händen durchkneten, damit er nicht klumpig wird
500 g kleine Auberginen, Stielansätze entfernen und würfeln
1 Tasse getrocknete Bohnen (Sorte nach Belieben), in kaltem Wasser einweichen
evtl. etwas Hackfleisch, salzen und knusprig braten
1 Chilischote oder Harissa
2 bis 3 Knoblauchzehen, halbieren
1/2 Esslöffel süßes Paprikapulver
Salz und Pfeffer
Öl

So wird es gemacht:

☺ Alle Zutaten (außer Auberginen) in einen Topf geben ⇒ Wasser darübergießen Topf zudecken und kochen lassen, bis die Bohnen fast gar sind ⇒ Auberginen dazugeben ⇒ Kuskus in ein Sieb geben und daraufstellen ⇒ zudecken und ca. 15 bis 20 Minuten kochen lassen, bis die Auberginen und die Bohnen gar sind ⇒ Kuskus in eine Servierschüssel geben ⇒ Auberginenmischung in eine Schüssel geben und servieren.

❁❁❁❁❁❁❁❁❁

42

Kuskus mit Zwiebeln

Zutaten:

1 Beutel Kuskus (250 oder 500 g), mit kaltem Wasser anfeuchten
und mit den Händen durchkneten, damit er nicht klumpig wird
500 g Zwiebeln, schälen und vierteln
250 bzw. 500 g Fleisch, würfeln, waschen und abtropfen lassen
100 bis 150 g Kichererbsen, über Nacht in Wasser einweichen,
in ein Sieb geben und abtropfen lassen
150 g Rosinen ohne Kerne
1 Teelöffel Kurkuma
evtl. 1 Safranfaden, in 2 Esslöffel warmem Wasser auflösen
Salz, Pfeffer und Zimt
Öl oder Butter

So wird es gemacht:

☺ Zwiebeln in Öl oder Butter glasig dünsten ➡ Fleischstücke dazugeben und braten, bis sie Farbe annehmen und die Flüssigkeit verdampft ist ➡ Kichererbsen, Gewürze, Safranwasser, Salz und Pfeffer darübergeben ➡ mit Wasser bedecken, gut verrühren und zum Kochen bringen ➡ Kuskus in ein Sieb geben und auf den Topf mit dem Fleisch stellen ➡ Topfdeckel daraufstellen und kochen lassen, bis die Kichererbsen und die Fleischstücke gar sind. Evtl. Wasser dazugeben.

☺ Kuskus auf einen tiefen Teller häufen ➡ Fleisch mit Kichererbsen und Zwiebeln rundherum legen ➡ Butter in einer Pfanne erhitzen ➡ Rosinen dazugeben und braten, bis sie aufgehen und ihre Farbe ändern ➡ über das Gericht geben und heiß servieren. Die Soße wird separat serviert.

✾✾✾✾✾✾✾✾✾

Kuskus mit Gemüse

Zutaten:

1 Beutel Kuskus (250 oder 500 g), mit kaltem Wasser anfeuchten und mit den Händen durchkneten, damit er nicht klumpig wird
250 g Fleisch, würfeln, waschen und abtropfen lassen
einige Artischockenherzen
2 bis 3 Kartoffeln, schälen, in große Würfel schneiden und waschen
1 Tasse Blattspinat, waschen und abtropfen lassen
2 weiße Rüben, schaben und zerkleinern
2 Karotten, schaben und zerkleinern
eine Handvoll Kichererbsen, über Nacht in Wasser einweichen und gar kochen
1 Tasse zerkleinerte frische grüne Bohnen
2 lange milde Peperoni
Man kann dazu verschiedene Gemüsesorten verwenden z.B. Erbsen, Auberginen, Zucchini, Flaschenkürbis, Sellerie u.s.w.
2 bis 3 Knoblauchzehen, zerkleinern
1 Esslöffel süßes Paprikapulver
Salz und Pfeffer
Öl

So wird es gemacht:

☺ Knoblauch, Salz, Pfeffer und Paprikapulver in einen Mörser geben und zerdrücken ➡ zum Fleisch geben und gut vermengen ➡ etwas Öl in einem großen Topf erhitzen ➡ Fleischstücke dazugeben und braten, bis sie Farbe annehmen und die Flüssigkeit verdampft ist ➡ reichlich Wasser darübergeben und zum Kochen bringen, dann die gekochten Kichererbsen und nach und nach die Gemüsesorten die eine längere Garzeit benötigen, dazugeben ➡ Kuskus in ein Sieb geben über den Topf stellen ➡ Deckel daraufstellen und kochen lassen, bis alles im Topf gar ist ➡ Kuskus auf tiefe Teller geben ➡ Gemüsemischung darauf verteilen und heiß servieren. Die restlichen Gemüse in eine Schüssel geben und separat servieren.

✻✻✻✻✻✻✻✻✻✻

Kuskus mit Fisch

Zutaten:

1 Beutel Kuskus (250 oder 500 g), mit kaltem Wasser anfeuchten und mit den Händen durchkneten, damit er nicht klumpig wird
500 g verschiedene Fischsorten, Köpfe und Schwänze abschneiden und beiseite stellen, Fische säubern, in Stücke schneiden, waschen und abtropfen lassen
Fischköpfe und Schwänze in einen Topf geben, über 1 Liter Wasser darübergeben und daraus Brühe kochen. Brühe durch ein Sieb geben, in einem Topf auffangen und beiseite stellen
150 g Kichererbsen, über Nacht in Wasser einweichen, gar kochen und beiseite stellen (Kochwasser aufbewahren)
2 bis 3 Tomaten, Haut anritzen, mit kochendem Wasser überbrühen, Haut abziehen, der Länge nach halbieren, Samen entfernen und hacken
2 lange milde Peperoni, Stielansätze entfernen, der Länge nach halbieren, Samen entfernen und hacken
1 Zwiebel, hacken
1 weiße Rübe, schaben, zerkleinern, waschen und abtropfen lassen
1 Sellerie, zerkleinern, waschen und abtropfen lassen
2 bis 3 Knoblauchzehen, mit etwas Salz zerdrücken
1 Teelöffel Harissa (oder mehr)
Thymian, Piment, Paprikapulver, Cayennepfeffer, Salz und Pfeffer
Öl

So wird es gemacht:

☺ Öl in einem Topf erhitzen ➡ Zwiebeln dazugeben und glasig dünsten ➡ Tomaten, Kichererbsen, Knoblauchpaste und Gewürze dazugeben und kurz dünsten ➡ Fischstücke untermengen und braten ➡ Fischstücke aus dem Topf nehmen und warm walten ➡ Fischsud und Kichererbsenwasser darübergießen, salzen und pfeffern und zum Kochen bringen ➡ Rüben, Peperoni und Sellerie dazugeben ➡ Kuskus in ein Sieb geben über den Topf stellen ➡ Deckel daraufstellen und kochen lassen, bis alles im Topf gar ist ➡ Kuskus auf tiefe Teller geben ➡ etwas Gemüseischung und Fischstücke darauf verteilen und heiß servieren. Die restlichen Fischmischung in eine Schüssel geben und separat servieren.

❀❀❀❀❀❀❀❀❀

Kuskus mit Mandeln

Zutaten:

1 Beutel Kuskus (250 oder 500 g), mit kaltem Wasser anfeuchten und mit den Händen durchkneten, damit er nicht klumpig wird
500 g Lammfleisch, würfeln, waschen und abtropfen lassen
250 g Mandeln, mit kochendem Wasser überbrühen und die feinen Schalen entfernen
2 Esslöffel Rosenwasser
1 kleine Zwiebel, hacken
1 Teelöffel Zimt
Salz und Pfeffer
Butter

So wird es gemacht:

☺ Etwas Butter in einem Topf zerlassen ➡ Fleischstücke, Zwiebeln, Zimt, Salz und Pfeffer dazugeben und braten, bis sie Farbe annehmen ➡ Wasser darübergeben und umrühren, dann die Mandeln dazugeben und zum Kochen bringen ➡ Kuskus in ein Sieb geben ➡ einige Löffel Kochwasser und Rosenwasser zusammenmischen, über das Kuskus geben und gut mischen ➡ Sieb über den Topf stellen und zudecken ➡ kochen lassen, bis die Fleischstücke gar sind ➡ Kuskus und Fleisch mit Soße separat servieren.

❀❀❀❀❀❀❀❀❀

Fleisch- und Gemüsegerichte

Lammragout (gut!)

Zutaten:

500 g Lammfleisch, in kleine Würfel schneiden, waschen und abtropfen lassen
2 Bund Petersilie, Blätter waschen und hacken
1 Zwiebel, hacken
2 Tomaten, fein hacken
3 Esslöffel Tomatenmark, in 1 bis 2 Tassen Wasser auflösen
Saft einer Zitrone
Harissa (nach Geschmack)
Salz, Pfeffer und Paprikapulver (süß)
Öl

So wird es gemacht:

☺ Öl in einem Topf erhitzen ➠ Fleischstücke würzen und in heißem Öl braten, bis sie Farbe annehmen und die Flüssigkeit verdampft ist ➠ Tomaten und die Hälfte der gehackten Petersilie dazugeben und einige Minuten braten ➠ aufgelöstes Tomatenmark dazugeben und gut verrühren ➠ Wasser darübergießen, bis die Fleischstücke fast bedeckt sind und zum Kochen bringen ➠ Topf zudecken und köcheln lassen, bis die Fleischstücke sehr gar sind. Falls nötig, Wasser darübergießen ➠ in eine Servierschüssel geben, mit Zitronensaft beträufeln und mit Petersilie und Zwiebeln garnieren, heiß mit Reis servieren.

❋❋❋❋❋❋❋❋❋

Süßes Fleisch

Zutaten:

1 kg Lamm- oder Rindfleisch, in Würfel schneiden, waschen und abtropfen lassen

je 1 Apfel und 1 Birne, schälen, halbieren, entkernen und in Stücke schneiden

ca. 200 g Backpflaumen, entkernen. Ersatzweise 150 g getrocknete Backpflaumen, über Nacht in Wasser einweichen, in ein Sieb geben und abtropfen lassen

evtl. 1 Safranfaden, in 2 Esslöffel warmem Wasser auflösen

1 Teelöffel Zimt

1/4 Teelöffel Kurkuma oder gelbe Lebensmittelfarbe

1 bis 2 Esslöffel Honig

2 bis 3 Esslöffel Zucker

3 bis 4 Esslöffel (oder mehr) Rosenwasser

Butter

So wird es gemacht:

☺ Fleischstücke in einen Topf geben, mit Wasser fast bedecken, Zimt, Butter, 1 Esslöffel Zucker, Kurkuma und Honig dazugeben und gut vermengen ➠ Topf zudecken und zum Kochen bringen, dann bei schwacher Hitze ca. 30 Minuten köcheln lassen, bis die Fleischstücke fast gar sind ➠ Apfel- und Birnenstücke und Backpflaumen dazugeben ➠ 15 bis 20 Minuten köcheln lassen (zwischendurch Zucker darüberstreuen und umrühren), bis die Soße dicker wird ➠ Rosenwasser darübergießen und kurz zum Kochen bringen, dann heiß mit Reis servieren.

❋❋❋❋❋❋❋❋❋

Lamm mit Aprikosen

Zutaten:

500 g Lammfleisch, würfeln, waschen und abtropfen lassen
250 g getrocknete Aprikosen, ca. 6 Stunden in kaltem Wasser einweichen, in ein Sieb geben, abtropfen lassen und fein hacken
25 g (1 bis 2 Esslöffel) Rosinen
2 Zwiebeln, hacken
evtl. 1 Safranfaden, in 2 Esslöffel warmem Wasser auflösen
1/8 Teelöffel gelbe Lebensmittelfarbe oder Kurkuma
je 1 Teelöffel Zimt und Kümmel
je 1/2 Teelöffel Ingwerpulver und Koriander
2 bis 3 Esslöffel Rosenwasser
Salz
Butter oder Öl

So wird es gemacht:

☺ Öl oder Butter in einem Topf erhitzen ➡ Zwiebeln dazugeben und glasig dünsten ➡ Fleischstücke dazugeben, salzen, pfeffern und braten, bis sie Farbe annehmen und die Flüssigkeit verdampft ist ➡ Aprikosen, Gewürze und Rosinen untermengen ➡ weiterbraten, bis die Aprikosen saftig sind ➡ mit Wasser fast bedecken und kurz zum Kochen bringen, dann bei schwacher Hitze köcheln lassen, bis die Fleischstücke gar sind ➡ Rosenwasser darübergeben, umrühren und heiß mit Reis oder Brot servieren.

✻✻✻✻✻✻✻✻✻✻

Spießfleisch

Zutaten:

Fleisch nach Belieben: 1 kg Rind-, Kalb- oder Hammelfleisch
!! Wichtig ist, daß fettarme und fettreiche Fleischsorten kombiniert werden, damit alles am Spieß Gebratene saftig bleibt !!

So wird es gemacht:

☺ Fleisch in große Stücke schneiden, waschen und abtropfen lassen ➡ in Marinade einlegen:

Marinade

A

2 Zwiebeln, hacken oder reiben
2 Lorbeerblätter, zerkleinern
Saft einer Zitrone
1/8 Liter Öl
1 Esslöffel Tomatenmark, mit etwas Wasser auflösen
je 2 Teelöffel Oregano, Thymian und Majoran
Salz und Pfeffer

B

2 Zwiebeln, hacken oder reiben
1/8 Liter Öl
1 bis 2 Teelöffel Zimt
Salz und Pfeffer

C

1 Zwiebel, fein hacken
1/8 Liter Öl
etwas Essig
Salz und Pfeffer

So wird es gemacht:

☺ In einer großen Schüssel die Marinade zubereiten ➠ die Fleischstücke hineingeben und in der Marinade wälzen ➠ mindestens 3 Stunden ziehen lassen.
☺ Fleischstücke auf Spieße stecken ➠ zwischen die Fleischstücke kleine Zwiebeln spießen ➠ über einem Grill braten (Holzkohle darf nicht mehr rauchen) ➠ ab und zu mit Marinade bestreichen ➠ heiß mit Reis oder Brot servieren.

✳✳✳✳✳✳✳✳✳✳

Petersilienragout

Zutaten:

500 g Lamm- oder Rindfleisch, in Würfel schneiden, waschen und abtropfen lassen
2 Tomaten, Haut anritzen, mit kochendem Wasser überbrühen, Haut abziehen und hacken
2 Zwiebeln, hacken

50

2 Bund Petersilie, Blätter waschen und hacken
Saft einer halben Zitrone
1 Esslöffel Tomatenmark, in 1 Tasse Wasser auflösen
1/4 Teelöffel Kurkuma
Evtl. 1 Safranfaden, in 2 Esslöffel warmem Wasser auflösen.
Ersatzweise gelbe Lebensmittelfarbe
1/2 Teelöffel 7Gewürze oder Garam Masala
Salz
Pfeffer
Öl

So wird es gemacht:

☺ Öl in einem Topf erhitzen ➟ die Hälfte der Zwiebeln dazugeben und glasig dünsten ➟ Fleischstücke dazugeben und braten, bis sie Farbe annehmen und die Flüssigkeit verdampft ist ➟ Tomaten untermengen und dünsten, bis die meiste Flüssigkeit verdampft ist ➟ mit Wasser fast bedecken, dann das aufgelöste Tomatenmark, Gewürze, Salz, Pfeffer und die Hälfte der gehackten Petersilie dazugeben und umrühren ➟ zum Kochen bringen, dann bei schwacher Hitze köcheln lassen, bis die Fleischstücke sehr gar sind und die Soße dick ist ➟ in eine Servierschüssel geben ➟ mit Zitronensaft beträufeln ➟ die restlichen Zwiebeln und Petersilie darübergeben und heiß mit Reis servieren.

❋❋❋❋❋❋❋❋❋

Gefülltes Fleisch mit Petersilie

Zutaten:

5 bis 6 große und flache Fleischscheiben (man kann auch fertiges Rouladenfleisch verwenden), waschen und abtropfen lassen
2 Bund Petersilie, Blätter waschen und hacken
2 bis 3 Knoblauchzehen
1/2 Teelöffel Zimt
Salz
Pfeffer
Butter oder Butterschmalz

51

So wird es gemacht:

☺ Knoblauch, Petersilie, Zimt, Salz und Pfeffer in einen Mörser geben und zerdrücken.

☺ Fleischstücke auf ein Holzbrett legen und mit einem Fleischhammer flach klopfen ➡ Petersilienpaste auf die Scheiben verteilen ➡ Fleischstücke rollen und mit Holzstäben oder Fäden fest binden ➡ Butter oder Butterfett in einem Topf zerlassen ➡ Fleischrollen hineingeben und rundherum goldbraun braten ➡ mit Wasser fast bedecken, kurz zum Kochen bringen, dann bei schwacher Hitze köcheln lassen, bis die Fleischrollen weich sind ➡ aus dem Topf nehmen ➡ abtropfen lassen ➡ heiß mit Reis oder Nudeln servieren.

❋❋❋❋❋❋❋❋❋❋

Fleisch mit Oliven

Zutaten:

500 g Fleisch, in kleine Würfel schneiden, waschen und abtropfen lassen
100 g schwarze Oliven, entkernen und hacken
2 Knoblauchzehen, hacken
1 Zwiebel, hacken
Salz und Pfeffer
1 Esslöffel Maismehl
Öl oder Butter

So wird es gemacht:

☺ Öl oder Butter in einem Topf erhitzen ➡ Fleisch, Zwiebeln und Knoblauch dazugeben und braten, bis die Fleischstücke Farbe annehmen und die Flüssigkeit verdampft ist ➡ mit Wasser bedecken, salzen und pfeffern und kurz zum Kochen bringen, dann bei schwacher Hitze köcheln lassen, bis die Fleischstücke fast gar sind (ca. 30 Minuten) ➡ gehackte Oliven dazugeben und umrühren ➡ 10 Minuten köcheln lassen ➡ Maismehl dazugeben und unter Rühren auflösen ➡ 2-3mal brodeln lassen ➡ heiß mit Reis servieren.

Gebratene Lammkeule

Zutaten:

1 Lammkeule, waschen und abtropfen lassen
2 bis 3 Knoblauchzehen, in Streifen schneiden
Harissa, Piment, Zimt, Paprikapulver, Koriander und Kümmel
(nach Geschmack)
Salz und Pfeffer
Öl oder Butter

So wird es gemacht:

☺ Backofen auf 200°C vorheizen.
☺ Lammkeule vom überflüssigen Fett befreien ➡ die Keule mit einem Messer tief einschneiden ➡ Knoblauchstreifen in die Einschnitte drücken, dann die Keule mit Gewürzen, Salz und Pfeffer einreiben ➡ mit Öl oder zerlassener Butter bestreichen ➡ in eine Backform geben und ca. 30 Minuten ziehen lassen ➡ 1 Tasse Wasser darübergießen und im vorgeheizten Backofen braten, bis die Keule knusprig und gar ist. Zwischendurch mit Wasser berieseln ➡ heiß mit Reis und Salat servieren.

❄❄❄❄❄❄❄❄❄❄

Gebratene Lammkeule mit Gemüse

Zutaten:

1 Lammkeule, waschen und abtropfen lassen
3 bis 4 Knoblauchzehen, in Streifen schneiden
500 g Kartoffeln, schälen und vierteln
einige milde Peperoni, Stielansätze entfernen, halbieren, Samen entfernen und vierteln
2 Zwiebeln, halbieren und in Streifen schneiden
1 kleine Aubergine, Stielansatz entfernen, schälen, in Ringe oder Würfel schneiden, mit Salz bestreuen, in ein Sieb geben und abtropfen lassen, damit die bitteren Säfte austropfen können
1 Bund Petersilie, Blätter waschen und hacken
Harissa (nach Geschmack)
je 1 Teelöffel Oregano, Piment, süßes Paprikapulver und Zimt

Salz und Pfeffer
Öl oder Butter

So wird es gemacht:

☺ Backofen auf 200°C vorheizen.

☺ Lammkeule mit Messerspitze an einigen Stellen tief einschneiden und die Knoblauchstreifen hineindrücken ➡ mit Öl oder zerlassener Butter, Salz, Pfeffer und Gewürzen einreiben und ca. 30 Minuten ziehen lassen.

☺ Etwas Öl oder zerlassene Butter auf ein Backblech geben und verteilen, die Keule darauflegen ➡ Kartoffeln, Peperoni, Auberginen und Zwiebeln dazugeben und im vorgeheizten Backofen ca. 30 bis 35 Minuten garen ➡ Gemüse herausnehmen und warm halten ➡ Lammkeule weiterbraten, bis sie sehr gar ist. Zwischendurch wenden und mit Wasser berieseln ➡ kurz vor dem Servieren das Gemüse über die Keule geben ➡ heiß mit Reis, Kuskus oder Fladenbrot und Salat servieren.

✳✳✳✳✳✳✳✳✳✳

Lammfleisch mit Quitten

Zutaten:

500 g Lammfleisch, würfeln, waschen und abtropfen lassen
4 bis 5 Quitten, schälen, halbieren, Samen und Samengehäuse entfernen und würfeln
2 Tomaten, Haut anritzen, mit kochendem Wasser überbrühen, Samen entfernen und hacken
je 1 Teelöffel Zimt, Piment und Ingwerpulver
Evtl. 1 Safranfaden, in 2 Esslöffel warmem Wasser auflösen oder 1/2 Teelöffel gelbe Lebensmittelfarbe
Salz und Pfeffer
Öl

So wird es gemacht:

☺ Öl in einem Topf erhitzen ➡ Zwiebeln dazugeben und glasig dünsten ➡ Fleischstücke, Salz und Pfeffer dazugeben und braten, bis sie Farbe annehmen und die Flüssigkeit verdampft ist ➡ Tomaten, Gewürze und Safranwasser oder Lebensmittelfarbe dazugeben und gut vermengen ➡ mit Wasser fast bedecken ➡

Topf zudecken und kochen lassen, bis die Fleischstücke gar sind
➠ Quittenstücke untermengen und 10 bis 15 Minuten garen ➠
heiß mit Reis servieren.

❊❊❊❊❊❊❊❊❊❊

Schmorbraten (Tajin)

Zutaten:

1 kg Lamm- oder Kalbfleisch, würfeln, waschen und abtropfen
lassen
3 bis 4 Zwiebeln, hacken
50 g blanchierte Mandeln
1 Bund Koriander, Blätter waschen und hacken oder 1 Esslöffel
getrockneter Koriander
je 1/8 Teelöffel Piment und Paprikapulver
1 Teelöffel Kurkuma
Salz und Pfeffer
Öl oder Butter

So wird es gemacht:

☺ Öl oder Butter in einem Topf erhitzen ➠ Zwiebeln dazugeben
und glasig dünsten ➠ Fleischstücke untermengen und braten,
bis sie Farbe annehmen und die Flüssigkeit verdampft ist ➠
Koriander untermengen und kurz braten, dann mit Wasser fast
bedecken und zum Kochen bringen ➠ Gewürze, Salz und Pfeffer
dazugeben und bei schwacher Hitze köcheln lassen, bis die
Fleischstücke sehr gar sind und eine dicke Soße entstanden ist
➠ in eine Servierschüssel geben ➠ Mandeln in Butter braten
und über das Gericht verteilen ➠ heiß mit Reis und Salat
servieren.

❊❊❊❊❊❊❊❊❊❊

Tajin mit Kartoffeln

Zutaten:

1 bis 1,5 kg Schmorbraten, in Würfel schneiden, waschen und abtropfen lassen
500 g Kartoffeln, schälen, halbieren oder vierteln, waschen und abtropfen lassen
2 Zwiebeln, hacken
2 bis 3 Knoblauchzehen, mit etwas Salz zerdrücken
1 Teelöffel Ingwerpulver
Harissa (nach Geschmack)
1/2 Teelöffel Kurkuma
evtl. 1 Esslöffel Tomatenmark oder 2 Tomaten, Haut anritzen, mit kochendem Wasser überbrühen, Haut abziehen und hacken
Oliven (Menge nach Belieben), entkernen und grob zerkleinern
Salz und Pfeffer
Öl, Butter oder Butterfett

So wird es gemacht:

☺ Öl, Butter oder Butterfett in einem Topf erhitzen ➠ Zwiebeln dazugeben und glasig dünsten ➠ Knoblauchpaste untermengen und kurz dünsten ➠ Fleischstücke dazugeben und braten, bis sie Farbe annehmen und die Flüssigkeit verdampft ist ➠ mit Wasser fast bedecken ➠ Gewürze, Salz und Pfeffer dazugeben (evtl. Tomatenmark oder Tomaten dazugeben) und gut verrühren ➠ Topf zudecken und zum Kochen bringen, dann bei mittlerer Hitze kochen lassen, bis die Fleischstücke gar sind ➠ Fleischstücke mit einer Schaumkelle aus der Soße herausnehmen und warm halten ➠ Kartoffeln dazugeben und kochen lassen, bis sie fast gar sind ➠ Oliven untermengen und weiterkochen, bis die Kartoffeln gar sind ➠ Fleisch dazugeben und 1 bis 2mal brodeln lassen ➠ in eine Servierschüssel geben und heiß mit Reis servieren.

✸✸✸✸✸✸✸✸✸

Tajin mit Backpflaumen

Zutaten:

1 kg Schmorbraten, in Würfel schneiden, waschen und abtropfen lassen
250 g Backpflaumen, entkernen, waschen und abtropfen lassen oder getrocknete Pflaumen, über Nacht in Wasser einweichen
2 Zwiebeln, hacken
1/2 Teelöffel Koriander
je 1 Teelöffel Zimt und Kurkuma
Honig (nach Belieben)
1 bis 2 Esslöffel Sesamkerne
evtl. 1 bis 2 Esslöffel blanchierte Mandeln
Prise Salz und Pfeffer
Öl

So wird es gemacht:

☺ Öl in einem Topf erhitzen ➡ Zwiebeln dazugeben und glasig dünsten ➡ Fleischstücke untermengen und braten, bis sie Farbe annehmen und die Flüssigkeit verdampft ist ➡ Kurkuma, Koriander, Prise Salz und Pfeffer dazugeben und kurz braten ➡ mit Wasser fast bedecken und kochen lassen, bis die Fleischstücke gar sind und viel Flüssigkeit verdampft ist ➡ Zimt, Honig und Pflaumen untermengen und 10 bis 15 Minuten köcheln lassen ➡ Topfinhalt in eine Servierschüssel geben ➡ Sesamkerne und Mandeln in einer Pfanne braten und über das Gericht verteilen ➡ heiß mit Reis servieren.

❈❈❈❈❈❈❈❈❈

Tajin mit Bohnen

Zutaten:

1 kg Schmorbraten, würfeln, waschen und abtropfen lassen
500 g getrocknete weiße Bohnen, über Nacht in Wasser einweichen, in ein Sieb geben und abtropfen lassen
2 Tomaten, Haut anritzen, mit kochendem Wasser überbrühen, Haut abziehen und hacken
2 Esslöffel Tomatenmark, in 1 bis 2 Tassen Wasser auflösen
1 Bund Petersilie, Blätter waschen und hacken
2 bis 3 Knoblauchzehen, mit etwas Salz zerdrücken
je 1/2 Teelöffel Ingwerpulver und Piment
Harissa (nach Belieben)
Salz und Pfeffer
Öl oder Butter

So wird es gemacht:

☺ Öl oder Butter in einem Topf erhitzen ➡ Zwiebeln dazugeben und glasig dünsten ➡ Fleischstücke dazugeben und braten, bis sie Farbe annehmen und die Flüssigkeit verdampft ist ➡ Knoblauchpaste dazugeben, gut mischen und kurz braten ➡ Tomaten und Gewürze untermengen und dünsten, bis die meiste Flüssigkeit verdampft ist ➡ Bohnen und Petersilie unterheben, aufgelöstes Tomatenmark und Wasser darübergießen, bis die Fleischstücke fast bedeckt sind ➡ Topf zudecken und zum Kochen bringen, dann bei mittlerer Hitze kochen lassen, bis alles im Topf gar und eine dicke Soße entstanden ist ➡ heiß mit Reis servieren.

✱✱✱✱✱✱✱✱✱

Tajin mit Flaschenkürbis

Zutaten:

1 kg Schmorbraten, würfeln, waschen und abtropfen lassen
500 g Flaschenkürbis (weiße Zucchini), Ansätze entfernen, schaben, in Ringe schneiden, waschen und abtropfen lassen
2 Tomaten, Haut anritzen, mit kochendem Wasser überbrühen,

Haut abziehen und hacken
1 bis 2 Esslöffel Tomatenmark, in Wasser auflösen
4 Zwiebeln, hacken
1 bis 2 Knoblauchzehen, mit etwas Salz zerdrücken
je 1/2 Teelöffel Piment und Paprikapulver
Harissa (nach Belieben)
Salz und Pfeffer
Öl, Butter oder Butterfett

So wird es gemacht:

☺ Flaschenkürbis in Öl oder Butter braten ➡ aus der Pfanne nehmen, abtropfen lassen und beiseite stellen.
☺ Öl oder Butter in einem Topf erhitzen ➡ Zwiebeln dazugeben und glasig dünsten ➡ Fleischstücke untermengen und braten, bis sie Farbe annehmen und die Flüssigkeit verdampft ist ➡ Tomaten und Knoblauchpaste dazugeben und dünsten, bis die meiste Flüssigkeit verdampft ist ➡ mit dem aufgelösten Tomatenmark und Wasser fast bedecken ➡ Gewürze, Salz und Pfeffer dazugeben und umrühren ➡ Topf zudecken und kochen lassen, bis die Fleischstücke gar sind und eine dicke Soße entstanden ist ➡ Flaschenkürbis unterheben und köcheln lassen, bis das Gemüse weich ist ➡ heiß mit Reis servieren.
○ Man kann auch 1 kleine Aubergine mit dem Flaschenkürbis mischen.

❋❋❋❋❋❋❋❋❋

Tajin mit Hackfleischbällchen (gut)

Zutaten:

500 g Hackfleisch
2 Knoblauchzehen, mit etwas Salz zerdrücken
2 Esslöffel Tomatenmark, in 1 Tasse Wasser auflösen
Zitronensaft
Harissa (nach Geschmack)
1/2 Teelöffel getrockneter Koriander
Salz, Pfeffer und süßes Paprikapulver
Öl
1 Zwiebel

59

So wird es gemacht:

☺ Hackfleisch in eine Schale geben ➟ salzen, pfeffern und zu einem Teig kneten ➟ Fleischteig zu kleinen Bällchen formen und beiseite stellen.

☺ Öl in einem Topf erhitzen ➟ Fleischbällchen rundherum braten ➟ aus dem Topf nehmen und beiseite stellen ➟ Zwiebeln in das heiße Öl geben und glasig dünsten ➟ Knoblauchpaste, Koriander und Paprikapulver dazugeben und kurz dünsten ➟ das aufgelöste Tomatenmark und Harissa dazugeben, gut verrühren und zum Kochen bringen ➟ Fleischbällchen dazugeben ➟ mit Wasser bedecken ➟ umrühren ➟ Topf zudecken und bei schwacher Hitze köcheln lassen, bis die Fleischbällchen gar sind ➟ mit Zitronensaft abschmecken und heiß mit Reis servieren.

✳✳✳✳✳✳✳✳✳✳

Muskraut mit Fleisch

Zutaten:

250 g getrocknetes Muskraut (M´luchia)
(M´luchia gibt es in Europa nur in getrockneter Form)
250 g gekochtes Lamm- oder Kalbfleisch (Brühe aufbewahren)
1 gekochtes Huhn, zerlegen
2 Knoblauchzehen, mit Salz zerdrücken
3 bis 4 Knoblauchzehen, vierteln
1 Zwiebel, hacken
1 Bund Petersilie, Blätter waschen und hacken
1 Teelöffel getrockneter Koriander
je 1 Teelöffel Piment und Paprikapulver
1 Teelöffel Zitronensaft
1/4 Teelöffel Chilipulver oder Harissa
Salz und Pfeffer
Öl

So wird es gemacht:

☺ M´luchia entstielen ➟ kaltes Wasser darübergießen und aufsaugen lassen ➟ in ein Sieb geben und abtropfen lassen.
☺ Öl in einem Topf erhitzen ➟ Zwiebeln dazugeben und glasig dünsten ➟ Knoblauchpaste und zerkleinerten Knoblauch

dazugeben und dünsten, bis er Farbe annimmt ➡ Koriander, Petersilie und Gewürze dazugeben und gut vermengen ➡ Muskraut unterheben und dünsten, bis die Blätter weich sind ➡ mit Fleischbrühe fast bedecken ➡ salzen und pfeffern ➡ Topf zudecken und kurz zum Kochen bringen, dann bei schwacher Hitze ca. 20 Minuten köcheln lassen ➡ auf einen Servierteller geben ➡ mit Zitronensaft beträufeln ➡ Fleisch und Hühnerstücke darauf verteilen ➡ heiß mit Reis, Salat und Fladenbrot servieren.

✳✳✳✳✳✳✳✳✳✳

Okra-Auflauf

Zutaten:

500 g frische Okraschoten oder getrocknete Okra
Getrocknete Okra über Nacht in Wasser einweichen, in ein Sieb geben und abtropfen lassen
Frische Okraschoten an den Stielenden spitz abschneiden ➡ kaltes Wasser mit etwas Zitronensaft mischen und die Okra für ca. 15 Minuten hineingeben ➡ in ein Sieb geben und abtropfen lassen
250 g Rinderhack
1 Zwiebel, fein hacken
4 Tomaten, Haut anritzen, mit kochendem Wasser überbrühen, Haut abziehen und hacken
2 Knoblauchzehen, mit etwas Salz zerdrücken
1 Esslöffel Tomatenmark, in ca. 1 Tasse Brühe auflösen
3 Esslöffel Jogurt
Saft einer Zitrone
Salz und Pfeffer
Öl

So wird es gemacht:

☺ Backofen auf 200°C vorheizen.
☺ Okra in einem Topf mit heißem Öl braten, bis sie Farbe annehmen ➡ in ein Sieb geben und abtropfen lassen.
☺ Zwiebeln in das heiße Öl geben und glasig dünsten ➡ Tomaten und Knoblauchpaste dazugeben und dünsten, bis die meiste Flüssigkeit verdampft ist ➡ Hackfleisch dazugeben und braten,

bis es Farbe annimmt ⟹ das aufgelöste Tomatenmark und Jogurt dazugeben ⟹ salzen und pfeffern ⟹ kochen lassen, bis die Flüssigkeit fast verdampft ist.

☺ Eine Auflaufform mit Öl oder zerlassener Butter einfetten ⟹ die Hälfte des Fleisches darin verteilen ⟹ Okra darauf verteilen und mit dem restlichen Fleisch bedecken ⟹ mit Öl beträufeln und im Backofen für ca. 30 Minuten backen. Evtl. etwas Wasser oder Brühe darübergeben ⟹ heiß mit Reis und Salat servieren.

✳✳✳✳✳✳✳✳✳✳

Fleisch mit Kichererbsen und Zwiebeln

Zutaten:

500 g Lamm- oder Kalbfleisch, würfeln, waschen und abtropfen lassen
ca. 500 g Zwiebeln, schälen und vierteln
100 g Kichererbsen, über Nacht in Wasser einweichen
3 Knoblauchzehen, vierteln
3 Tomaten, Haut anritzen, mit kochendem Wasser überbrühen, Haut abziehen und hacken
1 bis 2 Esslöffel Tomatenmark
Harissa (nach Geschmack)
je 1/2 Teelöffel Zimt und Piment
Salz und Pfeffer
Öl, Butter oder Butterfett

So wird es gemacht:

☺ In einem Topf Öl oder Butter erhitzen ⟹ Zwiebeln dazugeben und glasig dünsten ⟹ Fleischstücke und Knoblauch dazugeben und braten, bis sie Farbe annehmen und die Flüssigkeit verdampft ist ⟹ Tomaten untermengen und ca. 5 Minuten bei schwacher Hitze dünsten. Kichererbsen, Gewürze, Tomatenmark, Salz und Pfeffer dazugeben und umrühren ⟹ mit Wasser fast bedecken und kochen, bis die Fleischstücke und die Kichererbsen sehr

62

gar sind und eine dicke Soße entstanden ist ➠ heiß mit Reis servieren.

✳✳✳✳✳✳✳✳✳✳

Spinat mit Fleisch

Zutaten:

1 kg Blattspinat, waschen und abtropfen lassen
500 g Lamm-, Rind- oder Kalbfleisch, in Würfel schneiden, waschen und abtropfen lassen
2 bis 3 Zwiebeln, halbieren und in Streifen schneiden
1 Bund Petersilie, Blätter waschen und hacken
2 Teelöffel getrockneter Koriander
2 Tomaten, Haut anritzen, mit kochendem Wasser überbrühen, Haut abziehen und hacken
1 Esslöffel Tomatenmark, in 1 Tasse Wasser auflösen
je 1/2 Teelöffel Piment und Paprikapulver
Harissa (nach Geschmack)
Zitronensaft
Salz und Pfeffer
Öl

So wird es gemacht:

☺ Öl in einem Topf erhitzen ➠ Fleischstücke dazugeben und goldbraun braten ➠ Zwiebeln und Tomaten untermengen und etwas dünsten ➠ mit Wasser fast bedecken ➠ Tomatenmark darin auflösen ➠ Gewürze, Salz und Pfeffer dazugeben und zum Kochen bringen, dann bei schwacher Hitze köcheln lassen, bis das Fleisch gar ist und die Soße dick wird ➠ nach und nach Spinat und Petersilie unterheben ➠ köcheln lassen, bis alle Zutaten gar sind ➠ in eine Servierschüssel geben ➠ mit Zitronensaft beträufeln und heiß mit Reis servieren.

✳✳✳✳✳✳✳✳✳✳

Gefüllte Lammbrust mit Kuskus

Zutaten:

2 Stücke Lammbrust (ohne Knochen), waschen und abtrocknen
je 1 Esslöffel Zimt und Kurkuma
Salz und Pfeffer
2 Zwiebeln, hacken
Öl oder Butter

Für die Füllung:

500 g Kuskus
100 g geschälte Mandeln
50 g Rosinen
3 bis 4 Esslöffel Orangenblütenwasser oder Rosenwasser
1 Esslöffel Zimt
etwas Zucker
Öl oder Butter

So wird es gemacht:

☺ Marinade aus gehackten Zwiebeln, Gewürzen, Salz, Pfeffer und Öl oder zerlassener Butter herstellen ⇒ die beiden Lammbruststücke damit einreiben und von 3 Seiten zunähen (1 Seite bleibt für die Füllung offen).

☺ Backofen auf 200°C vorheizen.

☺ Kuskus in ein Sieb geben und auf einen Topf mit kochendem Wasser stellen (das Kuskus darf nicht mit Wasser in Berührung kommen) ⇒ Wasser brodeln lassen, bis das Kuskus gar ist ⇒ Sieb vom Topf entfernen und beiseite stellen ⇒ Mandeln in Butter oder Öl rösten ⇒ vom Herd nehmen ⇒ Rosinen, Zimt, Zucker, 2 bis 3 Esslöffel Wasser, Orangenblütenwasser oder Rosenwasser und Kuskus dazugeben und gut vermengen ⇒ Topf auf den Herd stellen und bei schwacher Hitze ca. 10 Minuten köcheln lassen, dabei umrühren.

☺ Füllung in die genähten Fleischstücke füllen und die 4. Seite zunähen ⇒ mit Öl oder Butter, Salz und Pfeffer einreiben ⇒ in den vorgeheizten Backofen schieben und ca. 1 Stunde braten ⇒

zwischendurch wenden und mit etwas Wasser berieseln ⇒ einige Minuten bevor man das Fleisch aus dem Ofen nimmt, die gehackten Zwiebeln darüber verteilen ⇒ Fleisch aus dem Ofen nehmen ⇒ Fäden entfernen ⇒ Fleisch in Scheiben schneiden und heiß servieren.

✻✻✻✻✻✻✻✻✻✻

Schakschuka (Gemüse mit Ei)

Zutaten:

3 bis 4 lange milde Peperoni (oder 2 bis 3 Paprikaschoten), Stielansätze entfernen, der Länge nach halbieren, Samen entfernen, in Streifen schneiden und vierteln
2 Zwiebeln, schälen, halbieren und in Streifen schneiden
4 Tomaten, in Scheiben schneiden
4 bis 5 Eier, aufschlagen, in eine Schale geben und verrühren
Salz, Pfeffer und Paprikapulver
Öl oder Butter

So wird es gemacht:

☺ In einer großen Pfanne die Peperoni oder Paprikaschoten und Zwiebeln in Öl oder Butter dünsten ⇒ mit Salz, Pfeffer und Paprikapulver würzen ⇒ wenn die Peperonistücke gar (weich) sind , die Tomaten dazugeben und dünsten, bis sie gar sind und die Flüssigkeit verdampft ist ⇒ Eier darübergeben ⇒ kurz umrühren, Pfanne zudecken und stocken lassen ⇒ heiß mit Brot servieren.

✻✻✻✻✻✻✻✻✻✻

Schakschuka mit grünen Bohnen

Zutaten:

250 g frische grüne Bohnen, Stielansätze entfernen vierteln, waschen und abtropfen lassen
100 bis 150 g Muskraut, entstielen, hacken, waschen und abtropfen lassen (man kann auch eine andere Blattgemüsesorte verwenden z.B. Spinat)
1 Bund Petersilie, Blätter waschen und hacken
2 Zwiebeln, hacken
4 Eier, aufschlagen, in eine Schale geben und verrühren
1 Esslöffel Tomatenmark, in 1 Tasse Wasser auflösen
Harissa (nach Geschmack)
Salz, Pfeffer und süßes Paprikapulver
Butter oder Butterfett

So wird es gemacht:

☺ Butter oder Butterfett in einer großen Pfanne zerlassen ➡ Bohnen dazugeben und braten ➡ aus der Pfanne nehmen und beiseite stellen, dann das Muskraut in Butter dünsten und beiseite stellen ➡ Zwiebeln in dem heißen Fett glasig dünsten ➡ aufgelöstes Tomatenmark, Gewürze, Salz und Pfeffer dazugeben und gut verrühren ➡ zum Kochen bringen ➡ Gemüse dazugeben und bei schwacher Hitze köcheln lassen, bis das Gemüse gar ist und die Flüssigkeit fast verdampft ist ➡ Eier unterheben und stocken lassen ➡ heiß servieren.

✳✳✳✳✳✳✳✳✳✳

Trüffel

Zutaten:

250 g Trüffel, schälen, in Ringe schneiden, waschen und abtropfen lassen
1 Knoblauchzehe, mit etwas Salz zerdrücken

Salz, Pfeffer, Kümmel, süßes Paprikapulver und Chilipulver
Öl

So wird es gemacht:

☺ Alle Zutaten in eine Schale geben und mischen ➡ etwas Öl in einer Pfanne erhitzen ➡ Trüffel mit Gewürzen dazugeben und kurz braten ➡ etwas Wasser darübergeben und köcheln lassen, bis die Trüffel gar sind und die Flüssigkeit fast verdampft ist.

✳✳✳✳✳✳✳✳✳✳

Artischocken mit Kartoffeln

Zutaten:

500 g Kartoffeln, schälen, vierteln, waschen und abtropfen lassen
4 bis 5 frische Artischockenherzen, in Scheiben oder Streifen schneiden, heißes Wasser mit Zitronensaft mischen und die Scheiben oder Streifen für ca. 10 Minuten dareingeben, in ein Sieb geben und abtropfen lassen
2 bis 3 Knoblauchzehen und 1/4 Chilischote, mit etwas Salz zerdrücken
1 Esslöffel Maismehl
Prise Kümmel
Salz, Pfeffer, süßes Paprikapulver
Öl

So wird es gemacht:

☺ Etwas Öl in einem Topf erhitzen ➡ Artischocken, Gewürze, Salz und Pfeffer dazugeben und einige Minuten braten ➡ mit Wasser fast bedecken und 10 bis 15 Minuten kochen lassen ➡ Kartoffeln dazugeben, kochen lassen, bis das Gemüse gar ist ➡ Maismehl in etwas Wasser auflösen und zum Gemüse geben ➡ umrühren und köcheln lassen, bis die Soße dick wird ➡ heiß servieren.

✳✳✳✳✳✳✳✳✳✳

Gefüllte Weinblätter

Zutaten:

1 Beutel eingelegte Weinblätter
250 bis 300 g Hackfleisch
2 Zwiebeln, fein hacken
1 Bund Petersilie, Blätter waschen und hacken
2 Tomaten, fein hacken
1 bis 2 Kartoffeln, schälen, in Scheiben schneiden, waschen und abtropfen lassen
2 Knoblauchzehen, mit etwas Salz zerdrücken
1 Tasse Reis, waschen und abtropfen lassen
1 Markknochen, waschen und daraus eine Brühe kochen
2 Esslöffel Tomatenmark
Salz, Pfeffer, Piment und Paprikapulver

So wird es gemacht:

☺ Hackfleisch in einen Topf oder eine Schüssel geben, dazu zerdrückte Knoblauchzehen, gehackte Zwiebeln, Tomaten, Petersilie, Reis, Gewürze, Salz und Pfeffer geben und mit den Händen kneten.

☺ Weinblätter waschen und ca. 15 Minuten in Wasser kochen ➡ in ein Sieb geben und abtropfen lassen ➡ Stiele und harte Ecken abschneiden ➡ Weinblätter mit der rauhen Seite nach oben auf die Arbeitsfläche legen ➡ auf jedes Blatt 1 Esslöffel Füllung legen ➡ untere Ecken nach innen auf die Füllung legen, dann die Seiten nach innen klappen ➡ den unteren Teil in Richtung Blattspitze aufrollen.

☺ Wenn die Blätter gefüllt und gerollt sind, bindet man jeweils 10 bis 15 Rollen mit einem Faden zusammen. Damit wird verhindert, daß die Füllung beim Kochen aus den Rollen ausläuft.

☺ Mit einigen Kartoffelscheiben den Boden des Kochtopfes auslegen ➡ gefüllte Weinblätterbündel darauflegen ➡ Tomatenmark in 1 Tasse Wasser und 1 Tasse Brühe auflösen und daraufgießen ➡ einen Teller nehmen und auf die Weinblätter stellen, darauf eine kleine Schüssel mit Wasser stellen (damit die gefüllten Blätter beim Kochen nicht platzen) ➡ Topf zudecken

➠ aufkochen, dann ca. 30 Minuten bei schwacher Hitze gar kochen ➠ heiß mit Fladenbrot servieren.

✳✳✳✳✳✳✳✳✳

Gefüllte Artischocken

Zutaten:

8 frische Artischockenherzen, mit Zitronensaft abreiben, damit sich die Artischockenherzen nicht dunkel verfärben
Zitronensaft
250 g Hackfleisch
1 Ei, aufschlagen, in eine Schale geben und verrühren
je 1/2 Teelöffel geriebene Muskatnuß, Thymian, Oregano und Kurkuma
Salz und Pfeffer
Öl, Butter oder Butterfett

So wird es gemacht:

☺ Hackfleisch mit Ei, Gewürzen, Salz und Pfeffer gut verkneten.
☺ Öl, Butter oder Butterfett in einem Topf erhitzen ➠ Artischockenherzen dazugeben und rundherum dünsten ➠ aus dem Topf nehmen, mit Hackteig füllen und in dem Topf verteilen ➠ 1/2 Tasse Wasser und Zitronensaft darübergeben ➠ salzen und pfeffern ➠ falls noch Füllung übrig ist, über die Artischocken verteilen ➠ Topf zudecken und zum Kochen bringen, dann bei schwacher Hitze garen. Falls nötig etwas Wasser dazugeben ➠ heiß mit Reis servieren.

✳✳✳✳✳✳✳✳✳

Variante 2

Zutaten:

8 bis 10 frische Artischockenherzen, mit Zitronensaft abreiben,
damit sich die Artischockenherzen nicht dunkel verfärben
250 g Hackfleisch
250 g Fleisch, würfeln, waschen und abtropfen lassen
2 Zwiebeln, hacken
eine Handvoll Kichererbsen, über Nacht in Wasser einweichen
eine Handvoll Reis, waschen und einige Zeit in Wasser
einweichen, in ein Sieb geben und abtropfen lassen
1 Bund Petersilie, Blätter waschen und hacken
1 Ei, aufschlagen, in eine Schale geben und verrühren
Zitronensaft
1 Teelöffel Zimt
Salz und Pfeffer
Butterfett

So wird es gemacht:

☺ Die Hälfte der gehackten Zwiebeln in Butterfett dünsten ⟼
Fleischstücke dazugeben und braten, bis sie Farbe annehmen
und die Flüssigkeit verdampft ist ⟼ Salz, Pfeffer, Zimt und
Kichererbsen dazugeben und gut vermengen ⟼ mit Wasser
bedecken ⟼ Topf zudecken und kochen lassen, bis die
Kichererbsen gar sind.

☺ Hackfleisch, Reis, Zwiebeln, Prise Zimt, 1 Esslöffel gehackte
Petersilie, Salz und Pfeffer dazugeben und zu einem Fleischteig
kneten ⟼ Artischockenherzen damit füllen und auf die
Kichererbsen-Fleischmischung verteilen ⟼ Topf zudecken und
ca. 15 bis 20 Minuten köcheln lassen, bis die Artischocken gar
sind. Falls die Soße fast verdampft ist, Wasser darübergießen ⟼
einige Löffel Soße in eine Schale geben, dann Ei, Zitronensaft
und Petersilie dazugeben und verrühren ⟼ über das Gericht
geben und heiß servieren.

✳✳✳✳✳✳✳✳✳✳

Gefüllte Flaschenkürbisse

Zutaten:

8 mittelgroße Flaschenkürbisse. Ersatzweise Zucchini (Flaschenkürbisse werden beim Gemüsehändler weiße Zucchini, türkische Zucchini oder Spargelkürbis genannt)
2 Tomaten, in Scheiben schneiden
2 Esslöffel Tomatenmark
2 bis 3 Knoblauchzehen
1 Esslöffel getrocknete Pfefferminze
Salz und Pfeffer
Öl, Butter oder Butterfett

Für die Füllung:

250 g Rinderhack
75 g Reis, waschen und abtropfen lassen
1 bis 2 Tomaten, Haut anritzen, mit kochendem Wasser überbrühen, der Länge nach halbieren, Samen entfernen und hacken
1 Bund Petersilie, Blätter waschen und hacken
1 bis 2 Knoblauchzehen, mit etwas Salz zerdrücken
Harissa (nach Geschmack)
Salz und Pfeffer
Fleischbrühe

So wird es gemacht:

☺ Flaschenkürbisse waschen und die Stielansätze abschneiden ➟ mit einem langstieligen Löffel vorsichtig aushöhlen ➟ Flaschenkürbisfleisch aufbewahren.

☺ Alle Zutaten für die Füllung in eine Schüssel geben und gut verkneten ➟ abschmecken.

☺ Die ausgehöhlten Flaschenkürbisse nur 1/2 bis 3/4 füllen, weil der Reis beim Kochen sein Volumen verdoppelt.

☺ Öl, Butter oder Butterfett in einem Topf erhitzen ➟ gehackte Tomaten, Minze, Knoblauchpaste, Salz und Pfeffer dazugeben und dünsten, bis viel Flüssigkeit verdampft ist ➟ die gefüllten Flaschenkürbisse mit der Öffnung nach oben in den Topf stellen ➟ Tomatenmark in 1 Tasse Wasser und 1 Tasse Brühe auflösen und zu den gefüllten Kürbissen geben ➟ das beiseite gelegte

71

Fruchtfleisch daraufgeben ➡ Topf zudecken und zum Kochen bringen, dann bei schwacher Hitze ca. 30 Minuten köcheln lassen, bis die Soße dick wird und die Flaschenkürbisse gar sind ➡ heiß mit Brot servieren.

○ Mit der gleichen Füllung kann man Auberginen oder Paprikaschoten füllen und kochen.

❋❋❋❋❋❋❋❋❋❋

Kartoffeln mit Kümmel

Zutaten:

> 1 kg Kartoffeln, schälen, vierteln, waschen und abtropfen lassen
> 3 bis 4 Knoblauchzehen, hacken
> 1/2 Chilischote, fein hacken
> 1/4 Teelöffel Kümmel
> Salz, Pfeffer und süßes Paprikapulver
> Öl

So wird es gemacht:

☺ 2 bis 3 Esslöffel Öl in einem Topf erhitzen ➡ Knoblauch, Chili, Kümmel, Paprikapulver, Salz und Pfeffer dazugeben und ca. 2 Minuten dünsten ➡ ca. 1/2 Liter Wasser darübergießen und zum Kochen bringen ➡ Kartoffeln dazugeben ➡ Topf zudecken und bei schwacher Hitze köcheln lassen, bis die Kartoffeln gar sind und die Soße dicker ist.

❋❋❋❋❋❋❋❋❋❋

Erbsen mit Artischocken

Zutaten:

> 150 bis 200 g Erbsen, waschen und abtropfen lassen
> 150 g frische oder gefrorene breite Bohnen, mit kochendem Wasser überbrühen und die feinen Schalen entfernen
> 5 bis 6 Artischockenherzen, halbieren oder vierteln, mit Zitronensaft einreiben und beiseite stellen
> 1 Bund Petersilie, Blätter waschen und hacken
> 2 bis 3 Knoblauchzehen, mit Salz zerdrücken
> Eine Handvoll Reis, waschen und abtropfen lassen

Harissa (nach Geschmack) oder gehackte Chili
Salz, Pfeffer und süßes Paprikapulver
Öl

So wird es gemacht:

☺ Alle Zutaten (außer Öl, Reis und Petersilie) in einen Topf geben und gut vermengen ➡ einige Esslöffel Öl darübergeben ➡ mit Wasser fast bedecken und zum Kochen bringen ➡ Topf zudecken und 15 bis 20 Minuten köcheln lassen ➡ Reis und Petersilie untermengen und 15 bis 20 Minuten köcheln lassen. (evtl. etwas Wasser darübergießen), bis alles im Topf gar ist.

❄❄❄❄❄❄❄❄❄❄❄

Leber in Tomatensoße

Zutaten:

500 g Rinderleber, in Würfel schneiden, waschen und abtropfen lassen
1 bis 2 Knoblauchzehen, mit etwas Salz zerdrücken
1 Knoblauchzehe, grob hacken
2 bis 3 Tomaten, Haut anritzen, mit kochendem Wasser überbrühen, Haut abziehen, der Länge nach halbieren, Samen entfernen und hacken
2 Esslöffel Tomatenmark, in 1 Tasse Wasser auflösen
1 Zwiebel, fein hacken
Zitronensaft oder Weinessig
1 Teelöffel Majoran
Salz, Pfeffer und Harissa
Öl

So wird es gemacht:

☺ Öl in einem Topf erhitzen ➠ Zwiebeln dazugeben und glasig dünsten ➠ Tomaten, Knoblauchpaste und Gewürze untermengen und dünsten, bis viel Flüssigkeit verdampft ist ➠ salzen und pfeffern ➠ Leberwürfel untermengen und braten, bis sie Farbe annehmen ➠ das aufgelöste Tomatenmark dazugeben und gut vermengen ➠ gehackten Knoblauch unterrühren ➠ evtl. Wasser darübergießen, bis die Leberstücke fast bedeckt sind ➠ Topf zudecken und zum Kochen bringen, dann bei schwacher Hitze köcheln lassen, bis die Soße dick und die Leber gar ist ➠ mit Zitronensaft oder Essig abschmecken und heiß mit Salat, Reis oder Kuskus servieren.

✳✳✳✳✳✳✳✳✳✳

Nieren- und Leberspieße

Zutaten:

je 250 g Kalbs- oder Lammnieren und Leber
1 Esslöffel Weinessig, mit Wasser verdünnen
3/4 Tasse Öl
1 Zwiebel, hacken
1 Esslöffel Tomatenmark, mit etwas Wasser verdünnen
Gewürze (nach Belieben: Harissa, Chilipulver, Zimt, Thymian, Majoran usw.)
Salz und Pfeffer

So wird es gemacht:

☺ Nieren waschen und enthäuten, Sehnen und Fett entfernen ➠ 1 Stunde in Essigwasser legen ➠ in ein Sieb geben ➠ unter fließendem Wasser waschen ➠ in Würfel schneiden.
☺ Leber in Würfel schneiden, waschen und abtropfen lassen.
☺ Alle Zutaten in eine großen Schüssel geben und gut vermengen ➠ ca. 1 Stunde ziehen lassen. Zwischendurch mischen ➠ Leber- und Nierenstücke auf Spieße stecken und über einem Grill braten ➠ ab und zu mit Marinade bestreichen ➠ heiß mit Reis oder auf Fladenbrot und Salat servieren.

✳✳✳✳✳✳✳✳✳✳

Frikadellen

Zutaten:

500 g Rinderhack
1 Bund Petersilie, Blätter waschen und hacken
1/2 Esslöffel getrockneter Koriander
1 Esslöffel gehackte Pfefferminzblätter oder 1 Teelöffel getrocknete Minze
2 bis 3 Zwiebeln, hacken
je 1/2 Teelöffel Piment, Kümmel und Kardamompulver
Salz und Pfeffer
Öl

So wird es gemacht:

☺ Hackfleisch mit allen Zutaten (außer Öl) mischen ➠ 1 bis 2mal durch den Fleischwolf drehen ➠ mit beiden Händen zu einem glatten Teig verkneten ➠ den Teig in kleine Stücke teilen, zu kleinen Kugeln verarbeiten und jede Kugel zu länglichen Würstchen formen ➠ Öl in einer Pfanne erhitzen ➠ Frikadellen-Würstchen dazugeben und goldbraun braten ➠ heiß mit Reis oder Fladenbrot servieren.

✳✳✳✳✳✳✳✳✳✳

Geflügelgerichte

Huhn mit Kichererbsen

Zutaten:

1 Hähnchen, waschen und abtropfen lassen
250 g Kichererbsen, über Nacht in Wasser einweichen, in ein
Sieb geben und abtropfen lassen
2 Zwiebeln, hacken
3 Knoblauchzehen, mit etwas Salz zerdrücken
Saft einer Zitrone
1 Teelöffel Kurkuma
1 Prise Chilipulver
Salz
Pfeffer
Öl

So wird es gemacht:

☺ Öl in einer Kasserolle erhitzen ➡ Zwiebeln dazugeben und glasig dünsten ➡ Kurkuma dazugeben und mischen ➡ das Huhn dazugeben und rundherum anbräunen ➡ ca. 1/2 Liter Wasser darübergießen ➡ Kichererbsen, Knoblauchpaste, Zitronensaft, Prise Chili, Salz und Pfeffer dazugeben und zum Kochen bringen ➡ Topf zudecken und bei mittlerer Hitze ca. 1 Stunde kochen lassen, bis das Huhn und die Kichererbsen gar sind und viel Flüssigkeit verdampft ist ➡ nachwürzen ➡ Hähnchen herausnehmen und in Teile zerlegen ➡ wieder in den Topf geben ➡ mit Zitronensaft beträufeln ➡ heiß mit Reis oder Kuskus servieren.
○ Falls das Fleisch schneller gar ist als die Kichererbsen, nehmen Sie bitte das Hähnchen vorher heraus.

****

76

Hähnchen mit Zwiebeln und Kichererbsen

Zutaten:

1 Poularde, in Teile schneiden, waschen und abtropfen lassen
500 g Zwiebeln:
    3 bis 4 Zwiebeln hacken
    den Rest vierteln oder in Ringe schneiden
100 g Kichererbsen, über Nacht in Wasser einweichen, in ein Sieb geben und abtropfen lassen
1 Bund Petersilie, Blätter waschen und hacken
1 Teelöffel Kurkuma
Harissa (nach Geschmack)
Salz
Pfeffer
Öl oder Butter

So wird es gemacht:

☺ gehackte Zwiebeln in Butter oder Öl dünsten ➡ Hühnerteile dazugeben und rundherum goldbraun braten ➡ mit Gewürzen, Pfeffer und Salz bestreuen ➡ 2 Tassen Wasser darübergeben und gar kochen ➡ aus der Soße nehmen und warm halten ➡ Kichererbsen in die Brühe geben und gar kochen ➡ die restlichen Zwiebeln, Hühnerstücke und Petersilie untermengen und für ca. 15 Minuten köcheln lassen ➡ Hühnerstücke, Zwiebeln und Kichererbsen mit einer Schaumkelle aus der Soße nehmen und in eine Servierschüssel geben ➡ heiß mit Reis oder Kuskus servieren ➡ die Soße wird in einer extra Schüssel serviert.

****

77

Gebratenes Hähnchen mit Zitrone

Zutaten:

1 Poularde, in Teile zerlegen, waschen und abtropfen lassen
1 bis 2 Knoblauchzehen, in feine Streifen schneiden
eine Handvoll Oliven, entkernen
2 Zitronen, in Scheiben oder Streifen schneiden
2 Zwiebeln, halbieren und in feine Streifen schneiden
je 1 Teelöffel Ingwerpulver und Kurkuma
Salz
Pfeffer
Öl

So wird es gemacht:

☺ Hühnerstücke in einen Topf geben und mit Wasser fast bedecken ➟ Ingwerpulver, Kurkuma, Knoblauchstreifen, Salz und Pfeffer dazugeben und umrühren ➟ zum Kochen bringen, dann bei schwacher Hitze köcheln lassen, bis die Hühnerstücke gar sind ➟ aus der Brühe nehmen und abtropfen lassen ➟ Topf auf dem Herd lassen.
☺ Zwiebeln in Öl dünsten ➟ zur Brühe geben und köcheln lassen.
☺ Die gekochten Hühnerstücke in Öl rundherum goldbraun braten ➟ in die Brühe geben ➟ Oliven und Zitronenscheiben untermengen und für ca. 10 Minuten köcheln lassen ➟ in eine Servierschüssel geben und heiß servieren.

****

Huhn mit Koriander

Zutaten:

1 Poularde, waschen und abtropfen lassen
2 Zwiebeln, hacken
1 Bund Petersilie, Blätter waschen und hacken
je 1/4 Teelöffel Kurkuma, Ingwerpulver, Piment, Kümmel und

Paprikapulver
1 bis 2 Teelöffel getrockneter Koriander oder 1 Esslöffel gehackte Korianderblätter
1 Zitrone:
    - eine Hälfte pressen
    - die zweite Hälfte in Streifen oder Scheiben schneiden
einige Oliven, entkernen
Salz
Pfeffer
Öl, Butterfett oder Butter

So wird es gemacht:

☺ Huhn in einen Topf geben ➠ ca. 1 Liter Wasser darübergießen ➠ salzen und pfeffern und gar kochen ➠ aus der Brühe nehmen, zerlegen und beiseite stellen.
☺ Hühnerbrühe durch ein Sieb geben ➠ ca. 1 Tasse Brühe in einen Topf geben ➠ Zwiebeln, Zitronensaft, Gewürze, Salz und Pfeffer dazugeben und umrühren ➠ aufkochen lassen, dann bei schwacher Hitze ca. 15 Minuten köcheln lassen ➠ inzwischen die Hühnerstücke in Öl, Butterfett oder Butter braten ➠ Hühnerstücke mit Oliven, Petersilie, Koriander und Zitronenstreifen zur Soße geben ➠ Topf zudecken und für ca. 10 Minuten köcheln lassen ➠ heiß servieren.

****

Hühnerfrikadellen

Zutaten:

500 g weißes Hähnchenfleisch, gar kochen
1 Ei, aufschlagen, in eine Schale geben und verrühren
1/2 Bund Petersilie, Blätter waschen und hacken
2 Toastscheiben
Saft einer halben Zitrone
1/2 Teelöffel Kurkuma oder 1 Safranfaden in 2 Esslöffel warmem Wasser auflösen
1 Esslöffel Maismehl
Salz
Pfeffer
Öl oder Butter

So wird es gemacht:

☺ Brotscheiben toasten ➟ in Wasser einweichen und gut auspressen.

☺ Hähnchenfleisch durch den Fleischwolf drehen ➟ in eine Schüssel geben ➟ alle anderen Zutaten (außer Zitronensaft, Öl oder Butter) dazugeben und gut verkneten ➟ die Fleischmasse zu kleinen Kugeln verarbeiten ➟ in einer tiefen Pfanne Öl oder Butter erhitzen und die Fleischkugeln darin rundherum goldbraun braten ➟ mit Wasser fast bedecken ➟ Zitronensaft darübergeben ➟ zum Kochen bringen, dann bei schwacher Hitze ca. 15 Minuten köcheln lassen ➟ heiß mit Reis oder Kuskus servieren.

○ Man kann diese Art Frikadellen auch mit anderen Zutaten mischen, z.B. Hackfleisch, Spinat, Porree oder Artischocken.

****

Huhn mit Oliven

Zutaten:

1 großes Huhn, waschen und abtropfen lassen
Saft einer halben Zitrone
1/2 Zitrone in Scheiben oder Streifen schneiden
200 g grüne und schwarze Oliven, entkernen
2 Zwiebeln, in Scheiben schneiden
1 Zwiebel, hacken
1 Teelöffel Ingwerpulver
1 Teelöffel süßes Paprikapulver
Salz und Pfeffer
Öl

So wird es gemacht:

☺ 3 bis 4 Esslöffel Öl in einem Topf erhitzen ➟ Zwiebelscheiben dazugeben und kurz dünsten ➟ Ingwerpulver, Paprikapulver, Salz und Pfeffer dazugeben und umrühren ➟ 1 Tasse Wasser darübergießen und erneut umrühren ➟ Huhn darauflegen ➟ zum Kochen bringen, dann ca. 1 Stunde bei geschlossenem Topf köcheln lassen ➟ Huhn ab und zu wenden. Evtl. Wasser darübergeben ➟ die gehackten Zwiebeln dazugeben und weitere 15 bis 20 Minuten köcheln lassen.

☺ Oliven in einem Topf mit kaltem Wasser aufkochen ⇒ Wasser abgießen (um Salz zu entfernen), dann zum Huhn geben ⇒ Zitronenstreifen dazugeben und einige Minuten mitkochen ⇒ vor dem Servieren Zitronensaft über das Gericht träufeln ⇒ heiß mit Kuskus oder Reis servieren.

****

Gefülltes Hähnchen

Zutaten:

1 Poularde, waschen und abtropfen lassen
100 g Kuskus
1 bis 2 Zwiebeln, hacken
1 Esslöffel Zimt
1 Teelöffel Kurkuma oder 1 Safranfaden, in 2 Esslöffel warmem Wasser auflösen
1 Esslöffel Zucker, in Wasser auflösen oder 1 Esslöffel Honig
Salz
Pfeffer
Öl oder Butter

Andere Füllungsarten:

Kartoffelfüllung

500 g Kartoffeln, schälen, vierteln, waschen und abtropfen lassen
1 Teelöffel Kurkuma
Salz
Pfeffer
Zerlassene Butter

Hackfleischfüllung

250 g Hackfleisch
2 bis 3 Kartoffeln, schälen, vierteln, waschen und abtropfen lassen
eine Handvoll Reis, waschen und einige Minuten kochen lassen, in ein Sieb geben und abtropfen lassen
1 Bund Petersilie, Blätter waschen und hacken
einige Löffel geriebenen Parmesankäse
1 Zwiebel, hacken
Salz und Pfeffer
Öl oder Butter

Petersilienfüllung

2 Bund Petersilie, Blätter waschen und hacken
3 bis 4 Knoblauchzehen, vierteln
1/2 Teelöffel Thymian
Salz und Pfeffer
Öl

So wird es gemacht:

☺ Backofen auf 200°C vorheizen.

☺ Kuskus mit kaltem Wasser anfeuchten und mit den Händen durchkneten, damit er nicht klumpig wird ➡ in ein Sieb geben und auf einen Topf mit brodelndem Wasser stellen, damit der Kuskus durch den Dampf gar wird ➡ Sieb vom Topf nehmen und beiseite stellen.

☺ Zwiebeln in Öl oder Butter glasig dünsten ➡ vom Herd nehmen ➡ alle anderen Zutaten dazugeben und gut vermengen ➡ das Huhn damit füllen und zunähen ➡ in eine Auflaufform geben ➡ mit zerlassener Butter bestreichen, ca. 1 Tasse Wasser darübergießen und Backform zudecken ➡ im vorgeheizten Backofen ca. 30 Minuten backen ➡ zwischendurch wenden und mit Wasser beträufeln ➡ heiß servieren.

○ **Kartoffelfüllung:** Die Hälfte der Kartoffeln mit Gewürzen, Salz und Pfeffer gut vermengen und das Huhn damit füllen und zunähen. Die restlichen Kartoffeln rund um das Huhn legen und in den Backofen schieben.

○ **Hackfleischfüllung:** Hackfleisch in Öl braten, bis es Farbe annimmt, dann mit den anderen Zutaten mischen.

○ **Petersilienfüllung:** Alle Zutaten gut vermengen und das Huhn damit füllen.

****

Huhn mit Backpflaumen

Zutaten:

1 Poularde, waschen und abtropfen lassen
ca. 500 g getrocknete Backpflaumen, entkernen und über Nacht
in Wasser einweichen
1 Zwiebel, hacken
1 Zwiebel, in Ringe schneiden
1/2 Teelöffel Ingwerpulver
1/4 Teelöffel Kurkuma
1 bis 2 Esslöffel Sesamkerne
Prise Salz
Öl oder Butter

So wird es gemacht:

☺ Poularde in einen Topf geben und mit Wasser fast bedecken
➥ Zwiebelringe, Ingwerpulver, Kurkuma und Salz dazugeben und
zum Kochen bringen, dann bei schwacher Hitze köcheln lassen
➥ nach ca. 30 Minuten gehackte Zwiebeln dazugeben ➥ kochen
lassen, bis das Huhn gar und die meiste Flüssigkeit verdampft
ist ➥ Backpflaumen zum Huhn geben und bei geöffnetem Topf
für ca. 20 Minuten köcheln lassen.
☺ Huhn aus dem Topf nehmen, zerlegen und auf einen
Servierteller geben ➥ Topfinhalt darübergießen ➥ Sesamkerne
in Butter oder Öl rösten und über das Gericht verteilen ➥ heiß
mit Reis oder Kuskus servieren.

✳✳✳✳✳✳✳✳✳✳

Huhn mit Zwiebeln

Zutaten:

1 Poularde, waschen und abtropfen lassen
500 g Zwiebeln, hacken
150 bis 200 g Kichererbsen, über Nacht in Wasser einweichen
50 bis 60 g geschälte und blanchierte Mandeln
1 Bund Petersilie, Blätter waschen und hacken
Saft einer halben Zitrone
1 Safranfaden, in 2 Esslöffel warmem Wasser auflösen oder
1 Teelöffel Kurkuma
1 Teelöffel süßes Paprikapulver
2 Teelöffel Zimt
Salz und Pfeffer
3 bis 4 Esslöffel Butterfett oder Butter

So wird es gemacht:

☺ Butterfett oder Butter in einer Kasserolle zerlassen ➡ 1 bis 2 gehackte Zwiebeln dazugeben und glasig dünsten ➡ Huhn dazugeben, rundherum braten ➡ mit Wasser fast bedecken ➡ Gewürze, Salz und Pfeffer dazugeben, umrühren und zum Kochen bringen ➡ Kichererbsen dazugeben und solange kochen, bis das Huhn und die Kichererbsen gar sind (falls das Fleisch schneller gar ist als die Kichererbsen, nehmen Sie bitte das Huhn vorher heraus) ➡ falls nötig, Wasser darübergießen ➡ die restlichen Zwiebeln, Petersilie und Mandeln dazugeben und solange kochen, bis die meiste Flüssigkeit verdampft ist und die Zwiebeln weich sind ➡ Huhn in Teile zerlegen und auf einen Servierteller geben ➡ Topfinhalt darübergeben ➡ mit Zitronensaft beträufeln und heiß mit Reis oder Kuskus servieren.

****

Schmorhuhn

Zutaten:

1 Poularde, waschen und abtropfen lassen
3 Zwiebeln, hacken
1 Teelöffel Ingwerpulver
1/4 Teelöffel Kurkuma
1 Safranfaden, in 2 Esslöffel warmem Wasser auflösen oder ein
3/4 Teelöffel Kurkuma
1/2 Bund Petersilie, Blätter waschen und hacken
50 g blanchierte Mandeln
4 bis 5 hartgekochte Eier, schälen
Salz, Pfeffer und süßes Paprikapulver
Öl oder Butter

So wird es gemacht:

☺ Öl oder Butter in einer Kasserolle erhitzen ➠ Zwiebeln dazugeben und glasig dünsten ➠ Huhn dazugeben und rundherum braten ➠ mit Wasser fast bedecken ➠ gehackte Petersilie, Ingwerpulver, Kurkuma oder Safranwasser, Salz, Pfeffer und Paprikapulver dazugeben und umrühren ➠ kochen lassen, bis das Huhn gar und die meiste Flüssigkeit verdampft ist ➠ die hartgekochten Eier kurz in die Soße geben und wenden, damit sie Farbe annehmen ➠ Huhn in Teile zerlegen und auf einen Servierteller geben ➠ mit Mandeln bestreuen ➠ Soße darübergießen ➠ die Eier darauf verteilen und heiß servieren.

****

Huhn mit Obst

Zutaten:

1 Poularde, waschen und abtropfen lassen
je 100 bis 150 g Äpfel, Birnen und Quitten, schälen, halbieren, Samen und Samengehäuse entfernen und zerkleinern
ca. 50 g getrocknete Pflaumen, entkernen und über Nacht in Wasser einweichen, in ein Sieb geben und abtropfen lassen
1 Bund Petersilie, Blätter waschen und hacken
3 Zwiebeln, hacken
je eine Prise Ingwerpulver und Zimt
je eine Prise Salz und Pfeffer
Öl oder Butter

So wird es gemacht:

☺ Öl oder Butter in einem Topf erhitzen ➠ Zwiebeln dazugeben und glasig dünsten ➠ Petersilie untermengen ➠ Huhn dazugeben und rundherum kurz anbraten ➠ Gewürze, Salz und Pfeffer darüberstreuen ➠ mit Wasser fast bedecken und kochen lassen, bis das Huhn fast gar ist und viel Flüssigkeit verdampft ist ➠ Obst dazugeben und weiterkochen, bis die Stücke gar sind (sie dürfen nicht zerfallen) und bis das Huhn gar ist ➠ Huhn zerlegen und auf einen Servierteller geben ➠ Obstsoße darübergießen ➠ heiß mit Reis oder Kuskus servieren.

****

Hähnchen mit Ingwer

Zutaten:

1 Hähnchen, waschen und abtropfen lassen
1 Apfel, schälen, halbieren, Samen und Samengehäuse entfernen und zerkleinern
1/2 Teelöffel Ingwerpulver
Zitronensaft
1/4 Teelöffel Nelkenpulver
1 Esslöffel Zimt
Stück Ingwerwurzel (nach Belieben)

Salz, Pfeffer und süßes Paprikapulver
Öl oder Butter

So wird es gemacht:

☺ Backofen auf 250°C vorheizen, dann auf 200°C reduzieren.
☺ Zitronensaft, Ingwerpulver, Zimt und Nelkenpulver zu einer Marinade verarbeiten.
☺ Hähnchen mit Salz, Pfeffer und Paprikapulver von innen und außen einreiben ➠ Apfelstücke und Ingwerwurzel in das Huhn füllen ➠ mit Öl oder zerlassener Butter bepinseln ➠ auf das Backblech legen und in den Backofen schieben ➠ Hähnchen goldbraun braten, zwischendurch mit Marinade bestreichen ➠ heiß mit Reis oder Kuskus servieren.

✳✳✳✳✳✳✳✳✳✳

Huhn mit Knoblauch

Zutaten:

1 Poularde, waschen und abtropfen lassen
2 bis 3 Knoblauchzehen (oder mehr), mit etwas Salz zerdrücken
Salz, Pfeffer und Zitronensaft
Öl

So wird es gemacht:

☺ Backofen auf 200°C vorheizen.
☺ Öl, Knoblauchpaste, Salz, Pfeffer und Zitronensaft in eine Schale geben und zu einer Marinade verrühren.
☺ Huhn von innen und außen mit Marinade einreiben ➠ in eine Auflaufform oder Kasserolle geben ➠ etwas Marinade darübergeben und im Backofen knusprig backen. Zwischendurch mit Marinade bepinseln ➠ heiß mit Kuskus oder Reis servieren.
◯ Man kann auch die Poularde in Teile zerlegen und 2 bis 3 Stunden in Marinade legen, dann im Backofen backen oder auf Holzkohle grillen.

✳✳✳✳✳✳✳✳✳✳

Huhn mit Knoblauch und Gemüse

Zutaten:

1 Poularde, in Teile schneiden, waschen und abtropfen lassen
4 bis 5 Knoblauchzehen, vierteln
1/2 Tasse Wasser oder Brühe
1 Esslöffel Zitronensaft
einige Gemüsesorten (nach Belieben), waschen und abtropfen lassen
Harissa (nach Geschmack)
Salz und Pfeffer
Öl oder Butter

So wird es gemacht:

☺ Öl oder Butter in einer Kasserolle erhitzen ➡ Hühnerteile dazugeben und goldbraun braten ➡ Wasser oder Brühe, Knoblauch, Harissa, Salz und Pfeffer dazugeben und zum Kochen bringen, dann bei schwacher Hitze köcheln lassen, bis die Fleischstücke gar sind ➡ Gemüse untermengen und garen ➡ mit Zitronensaft, Salz und Pfeffer abschmecken und heiß mit Reis oder Kuskus servieren.

****

Huhn mit Mandeln

Zutaten:

1 Huhn, in Stücke schneiden, waschen und abtropfen lassen
1 Bund Petersilie, Blätter waschen und hacken
150 g blanchierte Mandeln
1 Zwiebel, in feine Streifen schneiden
1 Teelöffel Ingwerpulver
1 Safranfaden, in 2 Esslöffel warmem Wasser auflösen oder 1/2 Teelöffel Kurkuma
Salz und Pfeffer
Öl

So wird es gemacht:

☺ Öl in einem Topf erhitzen ➠ Hühnerteile dazugeben und von allen Seiten goldbraun braten ➠ ca. 1 Tasse Wasser vorsichtig darübergießen ➠ Gewürze, Salz, Pfeffer, Mandeln und Zwiebeln dazugeben und umrühren ➠ Topf zudecken und kurz zum Kochen bringen, dann bei schwacher Hitze köcheln lassen, bis das Fleisch gar ist ➠ Petersilie untermengen und ca. 5 Minuten erhitzen ➠ heiß mit Reis oder Kuskus servieren.

****

Putenragout

Zutaten:

500 g Putenbrust, in Würfel schneiden, waschen und abtropfen lassen
1 Tomate, Haut anritzen, mit kochendem Wasser überbrühen, Haut abziehen, halbieren, Samen entfernen und hacken
1 bis 2 Knoblauchzehen, mit etwas Salz zerdrücken
1 bis 2 Esslöffel Tomatenmark, in Wasser auflösen
1 Bund Petersilie, Blätter waschen und hacken
2 Zwiebeln, fein hacken
1 Teelöffel getrocknete Pfefferminze
Harissa (nach Geschmack)
Salz und Pfeffer
Öl oder Butter

So wird es gemacht:

☺ Zwiebeln in Öl oder Butter glasig dünsten ➠ Fleisch und Knoblauch dazugeben und braten, bis das Fleisch Farbe annimmt ➠ Tomaten, Petersilie, Minze, Harissa, Salz und Pfeffer dazugeben und gut vermengen, dünsten lassen, bis viel Flüssigkeit verdampft ist ➠ mit Wasser und dem aufgelösten Tomatenmark fast bedecken ➠ aufkochen lassen, dann bei schwacher Hitze garen ➠ heiß mit Reis oder Kuskus servieren.

****

Huhn mit Peperoni

Zutaten:

1 Hähnchen, in Teile zerlegen, waschen und abtropfen lassen
250 g lange milde Peperoni, Stielansätze entfernen, der Länge
nach halbieren, Samen entfernen und vierteln
250 g Tomaten, 2 Tomaten in Scheiben schneiden, den Rest
hacken
1 Esslöffel Tomatenmark, in 1 Tasse Wasser auflösen
eine Handvoll getrocknete weiße Bohnen, in Wasser einweichen
(ca. 1 Stunde)
1 Chilischote, Stielansatz und Samen entfernen
4 Zwiebeln, hacken
Harissa (nach Geschmack)
Salz, Pfeffer und süßes Paprikapulver
Öl

So wird es gemacht:

☺ Öl in einem Topf erhitzen ➻ Zwiebeln dazugeben und glasig
dünsten ➻ Hähnchenteile dazugeben und rundherum goldbraun
braten ➻ mit Wasser und dem aufgelösten Tomatenmark fast
bedecken ➻ Bohnen, gehackte Tomaten, Chili, Harissa, Salz,
Pfeffer und Paprikapulver darübergeben und umrühren ➻ zum
Kochen bringen, dann bei schwacher Hitze köcheln lassen, bis
das Fleisch und die Bohnen gar sind ➻ Peperoni und
Tomatenscheiben untermengen und ca. 10 Minuten köcheln
lassen ➻ heiß servieren.

****

Fischgerichte

Gerösteter Fisch

Zutaten:

1 kg verschiedene Fischsorten, waschen und abtropfen lassen
2 Knoblauchzehen, mit etwas Salz zerdrücken
1 Tasse Öl
Gewürze: Piment, süßes Paprikapulver, Kümmel, Majoran, Rosmarin, Basilikum, Oregano, getrocknete Petersilie und Koriander, Salz und Pfeffer

So wird es gemacht:

☺ Gewürzmischung, Knoblauchpaste und Öl in eine Schüssel geben und gut vermengen ➡ Fische dazugeben und in der Marinade wälzen und 1 bis 2 Stunden ziehen lassen. Zwischendurch wenden ➡ inzwischen den Grill vorbereiten.
☺ Fische auf den Grillrost legen. Er darf nicht so nah am Feuer sein, sonst trocknen die Fische schnell aus ➡ von beiden Seiten grillen. Zwischendurch mit Marinade bepinseln ➡ mit Salat, Brot oder Reis servieren.

❀❀❀❀❀❀❀❀❀

Gebratene Sardinen

Zutaten:

1 kg Sardinen (oder andere Fischsorten), waschen
2 Knoblauchzehen, mit etwas Salz zerdrücken
je 1 Teelöffel Piment und süßes Paprikapulver
2 Teelöffel Kümmel
1 Prise Chili
Salz und Pfeffer

Mehl, auf einen Teller streuen
2 Eier, aufschlagen, in einen tiefen Teller geben und verrühren
Öl

So wird es gemacht:

☺ Öl, Gewürze, Knoblauchpaste, Salz und Pfeffer in eine große Schale geben und zu einer Marinade verarbeiten ⟶ Fische in der Marinade wälzen und 10 Minuten (oder länger) ziehen lassen. Zwischendurch wenden.

☺ Öl in einer Pfanne erhitzen ⟶ die Fische einzeln erst in Ei, dann in Mehl wenden und goldbraun braten ⟶ heiß mit Brot servieren.

❀❀❀❀❀❀❀❀❀

Fischstäbchen

Zutaten:

500 g verschiedene Fischsorten, waschen und abtropfen lassen
2 Knoblauchzehen, mit etwas Salz, 1 Teelöffel Kümmel und 2 Teelöffel getrocknetem Koriander zerdrücken
1 Bund Petersilie, Blätter waschen und hacken
1 Zwiebel, fein hacken
1 Zwiebel, halbieren
2 bis 3 Lorbeerblätter
3 bis 4 Scheiben Toastbrot, toasten, in Wasser einweichen und gut auspressen
1 Ei, aufschlagen, in eine Schale geben und verrühren
Saft einer halben Zitrone
Salz und Pfeffer
Öl

So wird es gemacht:

☺ Fische in einen Topf geben und mit Wasser bedecken ⟶ 1 halbierte Zwiebel, Lorbeerblätter, Salz und Pfeffer dazugeben und gar kochen ⟶ Fische aus dem Topf nehmen und beiseite stellen ⟶ Sud durch ein Sieb geben und beiseite stellen.

☺ Fische zerlegen ⟶ Fischfleisch, ausgepresstes Brot, Knoblauchpaste, Ei, die Hälfte der gehackten Petersilie, gehackte Zwiebeln, Salz und Pfeffer in eine Schale geben und mit einer

Gabel zerdrücken ⟶ 1-2mal durch den Fleischwolf drehen ⟶ mit beiden Händen zu einem Teig kneten ⟶ Teig zu kleinen Kugeln formen, dann länglich rollen ⟶ Öl in einer Pfanne erhitzen ⟶ Fischstäbchen dazugeben und goldbraun braten, aus der Pfanne nehmen, abtropfen lassen und in einen tiefen Servierteller legen.
☺ Sud zum Kochen bringen ⟶ Zitronensaft dazugeben ⟶ Topf zudecken und 15 bis 20 Minuten köcheln lassen ⟶ über die Fischstäbchen gießen ⟶ abkühlen lassen, damit die Soße fest wird ⟶ mit Petersilie garnieren und servieren.

✿✿✿✿✿✿✿✿✿

Gefüllte Fische mit Datteln

Zutaten:

2 bis 3 große Makrelen oder Finten, säubern, waschen und abtropfen lassen
ca. 250 g Datteln, entkernen
50 g Mandeln, hacken
2 Esslöffel gekochten Reis
1 Zwiebel, hacken
je 1 Teelöffel Zimt und Zucker
je eine Prise Ingwerpulver, Salz und Pfeffer
Öl und Butter
Alufolie

So wird es gemacht:

☺ Backofen auf 200°C vorheizen.
☺ Datteln mit gekochtem Reis, Mandeln, Zucker, Zimt, Prise Ingwerpulver, Salz, Pfeffer und Butter gut verkneten.
☺ Fische von innen und außen mit Öl einreiben und mit Salz, Pfeffer und Ingwerpulver bestreuen ⟶ mit der Dattelmasse füllen ⟶ die gefüllten Fische einzeln auf Alufolie legen und mit Zwiebeln bestreuen ⟶ die Fische gut in Alufolie einhüllen und im vorgeheizten Backofen ca. 15 Minuten backen, danach Alufolie aufmachen und weitere 5 Minuten backen, damit die Fische knusprig werden ⟶ heiß servieren.

✿✿✿✿✿✿✿✿✿

Gefüllte Fische mit Reis

Zutaten:

2 bis 3 große Fische, säubern, waschen und abtropfen lassen
500 g Tomaten:
- ca. bei der Hälfte davon Haut anritzen, mit kochendem Wasser überbrühen, Haut abziehen, halbieren, Samen entfernen und hacken
- den Rest vierteln, in ein Sieb geben, pressen und den Saft auffangen
1 Zitrone, halbieren, einen Teil schälen und zerkleinern, den Rest in Stücke schneiden
ca. 100 g Reis, waschen, abtropfen lassen und gar kochen (siehe Seite 34)
1 Bund Petersilie, Blätter waschen und hacken
1 kleine Zwiebel, hacken
Harissa (nach Geschmack)
einige Oliven, entkernen und hacken
Salz

Für die Marinade:

2 Knoblauchzehen, mit etwas Salz zerdrücken
100 ml Öl, mit 1/4 Tasse Wasser vermischen
1 Zwiebel, fein hacken
je 1 Teelöffel getrockneter Koriander, Piment und Kümmel
Saft einer halben Zitrone
Salz und Pfeffer

So wird es gemacht:

☺ Backofen auf 200°C vorheizen.
☺ Alle Zutaten für die Marinade in eine längliche Schüssel geben und gut verrühren ➠ Fische in die Marinade geben und wenden ➠ 2 bis 3 Stunden ziehen lassen ➠ zwischendurch wenden ➠ Fische aus der Marinade nehmen und abtropfen lassen.
☺ Gehackte Tomaten, Reis, Petersilie, Harissa, Oliven, Zwiebel, Chilipulver, Salz und zerkleinerte Zitrone in eine Schale geben und gut vermengen ➠ die Fische damit füllen ➠ in eine längliche Auflaufform legen ➠ Tomatensaft, Zitronenscheiben und etwas Marinade darübergeben und im Backofen ca. 15 Minuten backen.
✿✿✿✿✿✿✿✿✿✿

Fischragout

Zutaten:

1 kg verschiedene Fischsorten, Köpfe abschneiden, Fische in
Stücke schneiden, waschen und abtropfen lassen
2 Tomaten, Haut anritzen, mit kochendem Wasser überbrühen,
Haut abziehen, halbieren, Samen entfernen und hacken
2 Esslöffel Tomatenmark, in 1 Tasse Wasser auflösen
2 bis 3 Knoblauchzehen, mit etwas Salz zerdrücken
2 Zwiebeln, hacken
je 2 Esslöffel gehackte Petersilie und Pfefferminze
je 1/2 Teelöffel getrockneter Koriander, Kümmel und Harissa
1 Zitrone
Salz und Pfeffer
Öl

So wird es gemacht:

☺ Fischstücke salzen und pfeffern ⟶ in Öl braten und beiseite
stellen.
☺ Öl in einem Topf erhitzen ⟶ Zwiebeln dazugeben und glasig
dünsten ⟶ Tomaten und Knoblauch dazugeben und dünsten,
bis viel Flüssigkeit verdampft ist ⟶ das aufgelöste Tomatenmark,
Gewürze, Salz, Pfeffer und Petersilie dazugeben und gut
vermengen ⟶ ca. 2 Tassen Wasser darübergießen und verrühren
⟶ zum Kochen bringen, dann bei schwacher Hitze köcheln
lassen, bis viel Flüssigkeit verdampft ist ⟶ Fischstücke und
Pfefferminze in die Soße geben und ca. 10 Minuten köcheln
lassen ⟶ mit Zitronensaft beträufeln und heiß servieren.

❁❁❁❁❁❁❁❁❁

Fisch mit Tomaten

Zutaten:

1 kg verschiedene Fischsorten, Köpfe und Schwänze abschneiden, Fische in Streifen schneiden, waschen und abtropfen lassen
1 kg reife Tomaten, Haut anritzen, mit kochendem Wasser überbrühen, Haut abziehen, halbieren, Samen entfernen und hacken
1 Bund Petersilie, Blätter waschen und fein hacken
1 bis 2 Knoblauchzehen, mit etwas Salz zerdrücken
Saft einer halben Zitrone
je 1/2 Teelöffel Ingwerpulver und Piment
1/4 Teelöffel Kurkuma
Harissa (nach Geschmack)
Salz, Pfeffer und süßes Paprikapulver
Öl oder Butter

So wird es gemacht:

☺ Fischstücke in Öl anbraten und beiseite stellen.
☺ Backofen auf 200°C vorheizen.
☺ Öl in einem Topf erhitzen ➠ Tomaten dazugeben und kurz zu einem flüssigen Püree dünsten ➠ Petersilie, Knoblauchpaste, etwas Butter, Gewürze, Salz und Pfeffer untermengen ➠ Topf zudecken und bei schwacher Hitze ca. 5 Minuten köcheln lassen. Falls der Brei zu dick wird, etwas Wasser nachgießen ➠ vom Herd nehmen und beiseite stellen.
☺ Fischstücke in eine Auflaufform geben und darin verteilen ➠ etwas zerlassene Butter darauf geben ➠ mit Gewürzen bestreuen ➠ Tomatenbrei daraufgießen ➠ Auflaufform zudecken und im Backofen ca. 15 Minuten garen. Falls nötig, Wasser nachgießen ➠ heiß servieren.

✿✿✿✿✿✿✿✿✿

Salzfisch mit Kartoffeln

Zutaten:

5 bis 6 gesalzene Fische, einige Minuten in heißes Wasser legen, Wasser abgießen und die Fische gründlich waschen, Haut abziehen, Gräten entfernen und in kleine Stücke schneiden
250 g Kartoffeln, schälen, vierteln, waschen und abtropfen lassen
2 bis 3 Knoblauchzehen, mit etwas Salz zerdrücken
Salz, Pfeffer, süßes Paprikapulver und Kümmel
Öl

So wird es gemacht:

☺ Etwas Öl in einem Topf erhitzen ➡ Kartoffeln, Knoblauch, Kümmel, Salz und Pfeffer dazugeben und braten, bis die Kartoffeln Farbe annehmen ➡ mit Wasser fast bedecken und zum Kochen bringen, dann bei mittlerer Hitze ca. 5 Minuten kochen ➡ Fischstücke und Paprikapulver untermengen ➡ Topf zudecken und bei schwacher Hitze 15 bis 20 Minuten köcheln lassen.

❂❂❂❂❂❂❂❂❂

Fisch in Gewürzsoße

Zutaten:

1 kg kleine Fische (Sorte nach Belieben), säubern, waschen und abtropfen lassen
3 bis 4 Knoblauchzehen, hacken
1 Teelöffel Kümmel
Harissa (nach Geschmack)
Salz, Pfeffer und süßes Paprikapulver
Mehl, auf einem Teller verteilen
ca. eine 3/4 Tasse Wasser
Öl

So wird es gemacht:

☺ Knoblauch, Kümmel, Harissa und etwas Salz in einen Mörser geben und zerdrücken ➠ Wasser, Gewürzpaste, Paprikapulver und Pfeffer in einen Topf geben und zum Kochen bringen, dann bei schwacher Hitze 10 bis 15 Minuten köcheln lassen.

☺ Öl in einer Pfanne erhitzen ➠ Fische salzen und pfeffern ➠ in Mehl wälzen und knusprig braten ➠ die gebratene Fische in die Soße geben und kurz erhitzen ➠ heiß oder kalt servieren.

✿✿✿✿✿✿✿✿✿

Fisch mit Zwiebeln

Zutaten:

4 bis 5 Fische (Sorte nach Belieben), säubern, waschen, abtropfen lassen, salzen und pfeffern
500 g Zwiebeln, halbieren und in feine Streifen schneiden
Salz, Pfeffer und Paprikapulver
Mehl, auf einem Teller verteilen
Öl

So wird es gemacht:

☺ Zwiebeln in kochendes Wasser geben und ca. 10 Minuten brodeln lassen ➠ in ein Sieb geben und abtropfen lassen.

☺ Öl in einer großen Pfanne erhitzen ➠ Fische in Mehl wälzen und goldbraun braten ➠ auf einen Servierteller geben und warm halten.

☺ Das überschüssige Öl aus der Pfanne entfernen ➠ Zwiebeln in die Pfanne geben ➠ Salz, Pfeffer und Paprikapulver darübergeben, gut vermengen und braten, bis die Zwiebeln Farbe annehmen ➠ über die Fische geben und servieren.

✿✿✿✿✿✿✿✿✿

Gebackener Fisch

Zutaten:

1 kg Fisch, säubern, waschen, abtropfen lassen, mit Salz, süßem Paprikapulver und Pfeffer von innen und außen bestreuen und beiseite stellen

250 g Kartoffeln, schälen, in Scheiben schneiden, waschen und abtropfen lassen

3 bis 4 Zwiebeln, hacken

1 Bund Petersilie, Blätter waschen und hacken

2 bis 3 Knoblauchzehen, mit etwas Salz zerdrücken

Zitronensaft

Salz und Pfeffer

Öl und Butter oder Butterfett

So wird es gemacht:

☺ Backofen auf 200°C vorheizen.

☺ Backform mit Öl bepinseln, Kartoffelscheiben und Zwiebeln darauf verteilen ➟ etwas Butter in den Fisch geben und den Fisch in die Backform legen ➟ Knoblauchpaste, Petersilie, 1 bis 2 Esslöffel Öl, Salz und Pfeffer in ca. 1 Tasse Wasser geben und gut vermengen, über den Fisch geben, dann Zitronensaft darauf träufeln und im Backofen ca. 20 Minuten backen. Zwischendurch mit Wasser berieseln ➟ heiß servieren.

✿✿✿✿✿✿✿✿✿

Teigspeisen

Blätterteig mit Fleischfüllung

• (Malsuka)

Zutaten:

500 g Lammfleisch, in feine Würfel schneiden
250 g getrocknete Bohnen, über Nacht in Wasser einweichen
6 Eier, aufschlagen, in eine Schale geben und verrühren
12 Scheiben gefrorenen Blätterteig, auftauen oder Blätterteig
selber herstellen (siehe Seite 101)
ca. 100 g Butter
Öl
Salz, Pfeffer und Zimt
Eigelb zum Bestreichen

So wird es gemacht:

☺ Öl in einem Topf erhitzen und die Fleischwürfel darin anbraten
➟ Bohnen untermengen ➟ mit Wasser bedecken und mit Salz,
Pfeffer und Zimt abschmecken ➟ zum Kochen bringen, dann
bei schwacher Hitze köcheln lassen, bis das Fleisch und die
Bohnen sehr gar sind ➟ in ein Sieb geben und abtropfen lassen.
☺ Eier würzen ➟ mit Butter cremig braten, zum Fleisch geben
und mischen.
☺ eine große Auflaufform mit Butter bestreichen ➟ Blätterteig
ausrollen ➟ 4 Scheiben Blätterteig aufeinander in die Auflaufform
legen, zwischen jede Lage zerlassene Butter streichen ➟ darüber
die Hälfte der Fleischmischung geben, darauf kommen 4 weitere
Scheiben Blätterteig (dazwischen zerlassene Butter streichen)
➟ den Rest der Fleischmischung darüber verteilen ➟ erneut 4
Blätterteigscheiben darauflegen, dazwischen zerlassene Butter

100

streichen ⇢ die oberste Schicht mit Eigelb bestreichen und im vorgeheizten Backofen (200°C) ca. 30 bis 40 Minuten backen ⇢ ca. 5 Minuten vor dem Servieren die Temperatur erhöhen und heiß servieren.

✵✵✵✵✵✵✵✵✵✵

Blätterteig

Zutaten:

500 g Mehl, sieben
1/4 Tasse Olivenöl
Salz
oder
500 g Mehl, sieben
4 Eier, aufschlagen, in eine Schale geben und kurz verrühren
Salz
ca. 5 Esslöffel Öl

So wird es gemacht:

☺ Alle Zutaten in eine Schüssel geben und gut vermengen ⇢ nach und nach Wasser darübergeben und zu einem weichen Teig kneten ⇢ Schüssel mit einem feuchtem Tuch zudecken und 1 Stunde ruhen lassen.

☺ Den Teig mit Mehl bestreuen und in 10 bis 12 Stücke teilen ⇢ die Stücke einzeln sehr dünn ausrollen, dabei mit Mehl bestreuen ⇢ mit verschiedenen Füllungsarten füllen und braten.

○ Man kann auch fertigen Blätterteig bei türkischen Lebensmittelläden kaufen, er wird „ Yufka " genannt, oder tiefgefrorenen Blätterteig verwenden

✵✵✵✵✵✵✵✵✵✵

Blätterteig gefüllt mit Hackfleisch

Zutaten:

350 bis 400 g Hackfleisch (Rind oder Lamm)
2 Zwiebeln, fein hacken
1 Bund Petersilie, Blätter waschen und hacken
5 bis 6 Eigelb (einzeln in den Schalen lassen)
Eiweiß
Salz, Pfeffer und Paprikapulver
Olivenöl
Fertiger oder selbst hergestellter Blätterteig (siehe Seite 101)

So wird es gemacht:

☺ Hackfleisch mit Zwiebeln, Petersilie und Gewürzen in eine Schüssel geben und gut verkneten ➡ Öl in einer Pfanne erhitzen, Fleischmasse dazugeben und braten, dabei mit einer Gabel zerdrücken ➡ vom Herd nehmen und abkühlen lassen.
☺ Die einzelnen Teigblätter in Quadrate schneiden ➡ in der Mitte mit Füllung belegen, dann eine Mulde in die Mitte drücken und ein Eigelb (oder die Hälfte) hineingeben, dann wie in Abb. 1 oder 2 gezeigt (siehe Seite 103) zusammenklappen, damit ein Viereck oder Dreieck entsteht ➡ die Kanten mit Eiweiß einpinseln und gut zusammendrücken ➡ Öl in einer Pfanne erhitzen, die gefüllten Teigtaschen dazugeben und von beiden Seiten goldbraun braten ➡ heiß mit Jogurt servieren.

❋❋❋❋❋❋❋❋❋❋

Teigtaschen mit Champignons

Zutaten:

300 bis 400 g Champignons, in Scheiben schneiden, waschen und abtropfen lassen
4 bis 5 Esslöffel geriebenen Käse
3 Esslöffel gehackte Petersilie

102

Eigelb (je nach Anzahl der Blätterteigstücke)
Eiweiß
Salz, Pfeffer und Paprikapulver
Öl
Fertiger oder selbst hergestellter Blätterteig (siehe Seite 101)

So wird es gemacht:

☺ Champignons würzen, in Öl dünsten und abkühlen lassen ⟶ Käse und Petersilie untermengen.
☺ Die Blätterteiglagen wie in Abb. 1 oder 2 formen und füllen, dann in die Füllungsmitte eine Mulde drücken und ein Eigelb hineingeben ⟶ die Kanten mit Eiweiß einpinseln und gut zusammendrücken ⟶ Öl in einer Pfanne erhitzen und die gefüllten Teigtaschen von beiden Seiten knusprig braten ⟶ heiß mit Jogurt servieren.

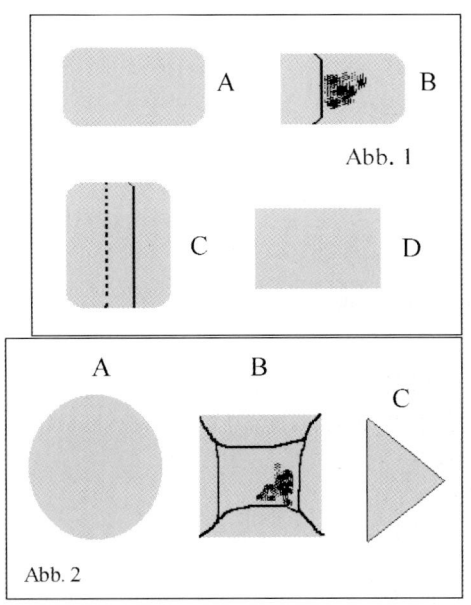

Abb. 1

Abb. 2

Gefüllte Teigtaschen mit Tunfisch

Zutaten:

500 g Tunfischfleisch, frisch oder aus der Dose
1 bis 2 Zwiebeln, fein hacken
4 Esslöffel gehackte Petersilie
Eigelb (nach Anzahl der Blätterteigstücke)
Eiweiß
Salz und Pfeffer
Öl
Blätterteig, fertiger oder selbst hergestellter

So wird es gemacht:

☺ Öl in einer Pfanne erhitzen ⇒ Zwiebeln dazugeben und glasig dünsten ⇒ vom Herd nehmen ⇒ Fischfleisch, Petersilie, Salz und Pfeffer dazugeben und gut vermengen.

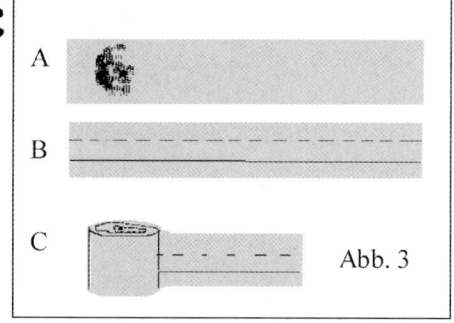

Abb. 3

☺ Die Blätterteiglagen wie in Abb. 3 schneiden und Füllung darauf geben (A) ⇒ dann eine Mulde in die Füllungsmitte drücken und ein Eigelb hineingeben, dann wie in Abb. 3-B gezeigt zusammenklappen ⇒ die Enden mit Eiweiß einpinseln, gut zusammendrücken und wie in Abb. 3-C rollen ⇒ Öl in einer Pfanne erhitzen und die gefüllten Rollen knusprig braten ⇒ heiß mit Salat servieren.

Andere Füllungsarten
mit Spinat

Zutaten:

500 g Blattspinat, waschen und abtropfen lassen
1 bis 2 Zwiebeln, klein hacken
Saft einer 1/2 Zitrone
Salz, Pfeffer und Paprikapulver
Öl

So wird es gemacht:

☺ Zwiebeln in Öl glasig dünsten ⇒ Spinat, Salz, Pfeffer und Paprikapulver unterheben und einige Minuten dünsten ⇒ Zitronensaft dazugeben und mischen ⇒ vom Herd nehmen und kalt stellen. Die Teigblätter werden wie auf Seite 101 bis 104 bearbeitet.

❀❀❀❀❀❀❀❀❀❀

mit Kartoffelfüllung

Zutaten:

250 g Kartoffeln, schälen, waschen, abtropfen lassen, gar kochen und in Würfel schneiden
1 Esslöffel gehackte Petersilie
1 kleine Zwiebel, hacken
3 bis 4 Eier, kochen, schälen und zerkleinern
Zitronensaft
Salz und Pfeffer
Öl

So wird es gemacht:

☺ Öl in einer Pfanne erhitzen ➠ Zwiebeln dazugeben und glasig dünsten ➠ Kartoffeln dazugeben und braten, bis sie Farbe annehmen ➠ die restlichen Zutaten untermengen und kurz braten ➠ vom Herd nehmen ➠ mit Zitronensaft abschmecken und kalt stellen. Die Teigblätter werden wie auf Seite 101 bis 104 bearbeitet.

✼✼✼✼✼✼✼✼✼✼

mit Fleisch und Käse

Zutaten:

250 g Fleisch, in kleine Würfel schneiden, waschen und abtropfen lassen
50 g Käse (Sorte nach Belieben), reiben
1 kleine Zwiebel, hacken
Salz, Pfeffer, Zimt und Kurkuma
2 bis 3 Eier, aufschlagen, in eine Schale geben und leicht verrühren
Öl

So wird es gemacht:

☺ Öl in einer Pfanne erhitzen ➠ Zwiebeln dazugeben und glasig dünsten ➠ Fleischstücke, Gewürze, Salz und Pfeffer dazugeben und braten, bis die Fleischstücke Farbe annehmen und die Flüssigkeit verdampft ist ➠ 1 Tasse Wasser darübergeben, kochen lassen, bis die Fleischstücke sehr gar sind ➡ vom Herd nehmen, durch ein Sieb geben und abtropfen lassen ➡ kalt stellen ➡ die restlichen Zutaten dazugeben und gut vermengen, dann die Teigblätter damit füllen und braten.

✺✺✺✺✺✺✺✺✺✺

Blätterteig mit Hähnchenfüllung

Zutaten:

1 Hähnchen, zerlegen, waschen und abtropfen lassen
1 bis 2 Zwiebeln, vierteln
1 Paket Blätterteig (12 bis 16 Scheiben)
50 g Mandeln, hacken und in Butter rösten
1 Bund Petersilie, Blätter waschen und hacken
6 bis 7 Eier, aufschlagen, in eine Schale geben und verrühren
1 Eigelb
1 Esslöffel Zucker
je 1/2 Teelöffel Zimt und Ingwerpulver
Majoran, Thymian, Basilikum und Oregano (nach Belieben)
Salz und Pfeffer
Butter

So wird es gemacht:

☺ Hähnchenteile in einen Topf geben und mit Wasser bedecken ➡ 1 Esslöffel Butter, Zwiebeln, Petersilie, Gewürze, Salz und Pfeffer dazugeben und gar kochen ➡ Hähnchenteile aus der Brühe nehmen ➡ Fleisch vom Knochen lösen und beiseite stellen ➡ Brühe aufbewahren.

☺ Backofen auf 180°C vorheizen.

☺ ca. 150 ml Brühe in einen Topf geben ➡ Eier dazugeben und umrühren ➡ salzen und pfeffern und bei schwacher Hitze köcheln lassen, bis die Masse cremig wird ➡ vom Herd nehmen und beiseite stellen.

☺ Blätterteigscheiben zu flachen Fladen rollen, die ersten Fladen sollen etwas größer sein als die anderen ➡ eine Auflaufform mit Butter einfetten ➡ 4 bis 5 Teigblätter darauf legen (der erste Fladen soll über den Rand gehen) und zwischen jedes Blatt zerlassene Butter streichen ➡ auf das letzte Blatt Zimt und Zucker verteilen, darüber die gerösteten Mandeln, dann die Hälfte der

Eimasse daraufgeben und darauf einen Teil des zerkleinerten Hühnerfleisches ➟ 3 bis 4 Lagen Blätterteig, wie oben beschrieben, auf die Füllung legen und mit zerlassener Butter bestreichen ➟ das restliche Fleisch und die Eimasse darauf verteilen ➟ wieder 3 bis 4 Lagen Blätterteig darauflegen und mit zerlassener Butter bestreichen ➟ den Rand der untersten Teigrolle umklappen und andrücken, damit die Füllung beim Kochen nicht auslaufen kann ➟ mit Eigelb bestreichen ➟ Auflaufform in den vorgeheizten Backofen schieben und für ca. 25 Minuten backen ➟ Temperatur auf 200°C erhöhen und für weitere 10 bis 15 Minuten backen ➟ in Stücke schneiden und heiß servieren.

❈❈❈❈❈❈❈❈❈❈

Teigtaschen mit Fleisch

Zutaten:

500 g Mehl, sieben
500 g Lammfleisch, in kleine Würfel schneiden, waschen und abtropfen lassen
1 Zwiebel, hacken
eine Handvoll Kichererbsen, über Nacht in Wasser einweichen
Salz, Pfeffer und Zimt
Öl oder Butter

So wird es gemacht:

☺ Zwiebeln, Fleischstücke Salz, Pfeffer, Zimt und Öl oder Butter in einen Topf geben und braten ➟ Kichererbsen untermengen, mit Wasser bedecken und gar kochen.
☺ Mehl und ca. 1 Teelöffel Salz in eine Schale geben und mischen ➟ Wasser nach und nach dazugeben und zu einem weichen Teig kneten ➟ Teig zu kleinen Kugeln verarbeiten und jede Kugel zu einen dünnen Teigblatt ausrollen, dabei mit Mehl bestreuen ➟ Teigblätter ca. 30 Minuten ruhen lassen ➟ Öl oder Butter in einer Pfanne erhitzen ➟ Teigblätter einzeln zu einem Viereck formen und von beiden Seiten braten, bis sie Farbe annehmen, dann auf tiefe Teller geben ➟ Fleischmischung daraufgeben ➟

etwas Soße darübergießen und heiß servieren.

✾✾✾✾✾✾✾✾✾✾

Teigblätter in Fleischsoße

Zutaten:

250 g Mehl, sieben
500 g Lammfleisch, würfeln, waschen und abtropfen lassen
2 Lauchzwiebeln, hacken
1 Bund Koriander, Blätter waschen und hacken oder 1 bis 2
Teelöffel getrockneter Koriander
1 Esslöffel gehackte Pfefferminzblätter
eine Handvoll Kichererbsen, über Nacht in Wasser einweichen
Harissa (nach Geschmack)
Salz, Pfeffer und süßes Paprikapulver
Öl

So wird es gemacht:

☺ Öl in einem Topf erhitzen ➡ Lammfleisch, Zwiebeln, Gewürze, die Hälfte des gehackten Korianders, Pfefferminze, Salz und Pfeffer dazugeben und braten, bis die Flüssigkeit verdampft ist ➡ Kichererbsen untermengen ➡ mit Wasser bedecken und garen.
☺ Mehl mit etwas Salz und Wasser zu einem Teig verkneten ➡ Teig zu kleinen Kugeln formen, in Öl wälzen und zu Fladen ausrollen ➡ Teigfladen mit einen scharfen Messer in kleine Würfel oder Vierecke schneiden und zum Fleisch geben ➡ einige Minuten köcheln lassen ➡ Topfinhalt in eine Servierschüssel geben, mit Koriander bestreuen und heiß servieren.

✾✾✾✾✾✾✾✾✾✾

Gefüllte Teigtaschen mit Peperoni

Zutaten:

500 g Mehl, sieben
2 bis 3 lange milde Peperoni, Stielansätze entfernen, der Länge
nach halbieren, Samen entfernen und hacken
1 Bund Lauchzwiebeln, hacken
4 Tomaten, Haut anritzen, mit kochendem Wasser überbrühen,
Haut abziehen, der Länge nach halbieren, Samen entfernen und
hacken
Harissa (nach Geschmack)
Salz, Pfeffer und süßes Paprikapulver
Öl

So wird es gemacht:

☺ Mehl mit ca. 1 Teelöffel Salz mischen ➡ Wasser nach und
nach dazugeben und zu einem weichen Teig verkneten ➡ Teig
länglich rollen ➡ mit einen feuchten Tuch abdecken und beiseite
stellen.

☺ Öl in einem Topf erhitzen ➡ Tomaten, Lauchzwiebeln und
Peperoni dazugeben und dünsten, bis die Flüssigkeit verdampft
ist ➡ Gewürze, Salz, Pfeffer und ca. 1 Tasse Wasser
darübergeben ➡ umrühren und zum Kochen bringen, dann bei
schwacher Hitze 20 bis 30 Minuten köcheln lassen, bis die
Flüssigkeit verdampft ist ➡ vom Herd nehmen und abkühlen
lassen. Evtl. Flüssigkeit abgießen.

☺ Teig in kleine Stücke schneiden und zu Kugeln formen ➡ in Öl
wälzen und zu flachen Fladen ausrollen ➡ auf eine Seite jedes
Fladens Füllung geben und die andere Seite darüber schlagen,
dann die Kanten gut zusammendrücken ➡ Öl in einer Pfanne
erhitzen, die gefüllten Fladen hineingeben und braten.

❀❀❀❀❀❀❀❀❀❀❀

Grießbrot

Zutaten:

1 kg feiner Grieß
25 g trockene oder frische Hefe
ca. 500 ml lauwarmes Wasser
1 bis 2 Teelöffel Salz
50 ml Olivenöl
1 Esslöffel zerlassenes Schmalz
1 Ei, aufschlagen, in eine Tasse geben und verrühren
2 Esslöffel geröstete Sesamkerne
1 Esslöffel Anissamen
Zucker

So wird es gemacht:

☺ Grieß in eine Schüssel geben ➠ in die Mitte eine Mulde drücken ➠ Hefe mit etwas lauwarmem Wasser und etwas Zucker in die Mulde geben ➠ Schüssel mit einem Tuch zudecken und 10 bis 15 Minuten stehen lassen ➠ Salz zum Grieß geben und mischen ➠ Öl und Schmalz darübergeben und gut vermengen ➠ Wasser nach und nach dazugeben und zu einem Teig verkneten (ca. 15 Minuten) ➠ Teig mit einem feuchten Tuch zudecken und ca. 2 Stunden stehen lassen, dann Sesam und Anis darüberstreuen und einige Minuten verkneten ➠ den Teig in Stücke teilen, dann zu dicken Fladen ausrollen ➠ auf ein geöltes Backblech legen ➠ an einem warmen Platz ca. 1 Stunde gehen lassen ➠ Backblech in den vorgeheizten Backofen (ca. 250°C) schieben und für ca. 10 Minuten backen, dann Temperatur auf 180°C reduzieren und für weitere 10 Minuten backen (die Fladen müssen in der Mitte trocken sein).

❀❀❀❀❀❀❀❀❀❀

Fladenbrot

Zutaten:

1 kg Mehl, sieben
1 Würfel Hefe oder Trockenhefe
Wasser
Salz
Prise Zucker

So wird es gemacht:

☺ Mehl in eine Schüssel geben ⟿ in die Mitte eine Mulde drücken ⟿ Hefe mit lauwarmem Wasser und etwas Zucker in die Mulde geben ⟿ gehen lassen ⟿ Salz dazugeben und gut vermengen ⟿ Wasser nach und nach darübergießen und zu einem Teig verkneten ⟿ Teig mit feuchtem Tuch zudecken und mehr als 1 Stunde gehen lassen ⟿ den Teig in 12 Stücke teilen ⟿ die Stücke einzeln zu runden oder ovalen Fladen ausrollen (ca. 0,5 cm dick), dabei beim Ausrollen Mehl auf die Fladen streuen ⟿ die ausgerollten Fladen mit einem Tuch bedecken und 1 bis 2 Stunden ruhen lassen.

☺ Backofen auf 250°C vorheizen ⟿ Fladenbrot auf ein Backblech legen und im Backofen 3 bis 5 Minuten backen (beim Backen dürfen die Fladen nicht braun werden, sonst werden sie hart) ⟿ die Fladen müssen wie ein Ball aufgehen.

❀❀❀❀❀❀❀❀❀❀

Überbackene Nudeln

Zutaten:

500 g Nudeln
150 g Hackfleisch
100 g geriebener Käse (Sorte nach Belieben)
2 Esslöffel Tomatenmark, in einer Tasse Wasser auflösen
2 Knoblauchzehen, mit etwas Salz zerdrücken
Harissa (nach Geschmack)
2 Lorbeerblätter
Salz, Pfeffer, Paprikapulver und Thymian
Öl und Butter oder Butterfett

So wird es gemacht:

☺ Öl in einem Topf erhitzen ➡ Zwiebeln dazugeben und glasig dünsten ➡ Fleisch dazugeben und braten, bis es Farbe annimmt und die Flüssigkeit verdampft ist ➡ Gewürze, Lorbeerblätter, das aufgelöste Tomatenmark, Salz und Pfeffer dazugeben und umrühren ➡ ca.1½ Tassen Wasser darübergießen, erneut umrühren und zum Kochen bringen, dann bei schwacher Hitze ca. 15 Minuten köcheln lassen.

☺ Backofen auf 200°C vorheizen.

☺ Reichlich Salzwasser in einem Topf zum Kochen bringen ➡ Nudeln dazugeben und gar kochen ➡ in ein Sieb geben und abtropfen lassen, dann in eine Auflaufform geben ➡ Fleischsoße darübergießen und gut vermengen ➡ geriebenen Käse darüberstreuen ➡ einige Löffel Butter oder Butterfett daraufgeben und im Backofen ca. 15 Minuten backen.

✽✽✽✽✽✽✽✽✽✽

Süßspeisen, Gebäck und Getränke

Zuckersirup

Zutaten:

400 bis 500 g Zucker
1 Tasse Wasser
1 Teelöffel Zitronensaft
1 Teelöffel Rosenwasser
1 Teelöffel Orangenblütenwasser

So wird es gemacht:

☺ Wasser, Zucker und Zitronensaft in einen Topf geben und zum Kochen bringen ⟶ umrühren und abschäumen ⟶ bei schwacher Hitze ca. 10 Minuten köcheln lassen, bis der Sirup dick wird ⟶ Rosen- und Orangenblütenwasser dazugeben ⟶ umrühren und vom Herd nehmen.

****

Datteln in Sirup

Zutaten:

1 kg frische Datteln
500 bis 600 g Zucker
Saft einer 1/2 Zitrone
4 bis 5 Nelken

So wird es gemacht:

☺ Datteln vorsichtig schälen ⟶ 1 Stunde in Wasser kochen ⟶ Sieb über einen Topf stellen und die gekochten Datteln in das Sieb geben ⟶ Flüssigkeit im Topf auffangen ⟶ Datteln entkernen.

☺ Dattelflüssigkeit mit kaltem Wasser verrühren, bis es 800 bis 850 ml Flüssigkeit ergibt ➠ Zucker und Zitronensaft dazugeben, aufkochen und einige Minuten brodeln lassen ➠ Datteln zum Sirup geben und ca. 20 Minuten kochen ➠ Datteln mit einem Sieb oder Schaumlöffel aus dem Sirup nehmen und in einen Steintopf oder ein Glas legen ➠ Nelken darübergeben.

☺ Sirup kochen und abschäumen ➠ zu den Datteln geben und Topf schließen.

✳✳✳✳✳✳✳✳✳✳

Kuskus mit Rosinen (Masfuf)

Zutaten:

> 500 bzw. 250 g Kuskus
> 2 bzw. 1 Tasse Zucker
> 50 bzw. 25 ml Rosen- oder Orangenblütenwasser
> Rosinen ohne Kerne (nach Belieben), 1 bis 2 Stunden in Wasser einweichen, in ein Sieb geben und gut abtropfen lassen
> Zimt und Puderzucker
> Butter

So wird es gemacht:

☺ ca. 1 Tasse Wasser über das Kuskus geben und gut mischen ➠ stehen lassen, bis das Wasser vom Kuskus aufgesogen ist ➠ Kuskus in ein Sieb geben ➠ Wasser in einem Topf zum Kochen bringen ➠ Sieb mit Kuskus auf den Topf stellen und zudecken ➠ dämpfen, bis der Kuskus gar ist.

☺ Butter in einem Topf zerlassen ➠ Zucker und Kuskus dazugeben und mischen, bis sich der Zucker und die Butter völlig aufgelöst haben, dann den Topf mit dem Kuskus über den anderen Topf mit dem kochenden Wasser stellen ➠ Temperatur reduzieren und 10 bis 15 Minuten dämpfen ➠ kurz vor dem Servieren Rosinen untermengen ➠ Kuskusmischung auf einem Servierteller anrichten und mit Puderzucker und Zimt bestreuen ➠ warm oder kalt servieren.

✳✳✳✳✳✳✳✳✳✳

Kuskus mit Datteln (Rfissa)

Zutaten:

500 bzw. 250 g feines Kuskus, mit kaltem Wasser berieseln und mit beiden Händen durchkneten, damit der Kuskus nicht klumpig wird
150 bzw. 100 g Datteln, entkernen, in Streifen schneiden und zerkleinern. Einige Streifen beiseite stellen
1 bzw. 1/2 Tasse Puderzucker
etwas Öl

So wird es gemacht:

☺ Kuskus in ein Sieb geben ➡ Wasser in einem Topf zum Kochen bringen ➡ Sieb mit Kuskus auf den Topf stellen und zudecken ➡ dämpfen, bis der Kuskus gar ist ➡ Kuskus in eine Servierschale geben ➡ gehackte Datteln untermengen ➡ mit Puderzucker bestreuen ➡ mit Dattelstreifen garnieren und servieren.

****

Teigkugeln in Sirup

Zutaten:

250 g Mehl, sieben
ca. 250 ml lauwarmes Wasser
50 ml Milch
ca. 15 g trockene Hefe
1 Teelöffel Zucker
Öl (zum Frittieren)
Zuckersirup (siehe Seite 113)

So wird es gemacht

☺ Mehl in eine Schüssel geben, Wasser und Milch dazugeben und gut vermengen ➡ Hefe mit etwas Wasser und Zucker auflösen ➡ zum Teig geben und gut vermengen (der Teig muß dickflüssig sein) ➡ Schüssel mit einem Tuch zudecken und ca. 1 Stunde stehen lassen. Danach mit einem Holzlöffel gut umrühren.
☺ Reichlich Öl in einem Topf erhitzen ➡ einen Löffel voll Teig in

das heiße Öl gleiten lassen ➡ rundherum goldbraun braten und sofort in den kalten Sirup eintauchen ➡ aus dem Sirup herausnehmen und in ein Sieb geben, abtropfen lassen und servieren.

··*·*·*·*·*·*·*

Nussschnitten (Baklawa)

Zutaten:

2 Packungen gefrorener Blätterteig
250 g gehackte Nüsse (Haselnüsse, Pistazien, Walnüsse und Mandeln)
3 bis 4 Esslöffel Zucker
250 g zerlassene Butter
Zuckersirup (siehe Seite 113)

So wird es gemacht:

☺ Gehackte Nüsse mit Zucker mischen und 1 bis 2 Stunden stehen lassen.

☺ Backofen auf 170°C vorheizen.

☺ Blätterteig dünn ausrollen ➡ eine große Auflaufform einfetten ➡ eine Lage Blätterteig hineingeben, mit Butter bepinseln und wieder ein Lage Blätterteig darauflegen und mit Butter bepinseln, diesen Vorgang so lange wiederholen, bis 6 Lagen aufeinander liegen ➡ die gehackten Nüsse auf dem Blätterteig verteilen. Wie oben beschrieben, mit 6 Lagen Blätterteig bedecken ➡ mit einem scharfen Messer diagonal (Gittermuster) einschneiden ➡ in den Backofen schieben und ca. 30 Minuten backen, dann ca. 10 bis 15 Minuten bei 200°C weiterbacken.

☺ Den kalten Sirup über die heißen Nussschnitten gießen und abkühlen lassen, noch einmal nachschneiden und auf Serviertellern anrichten ➡ mit gehackten Nüssen bestreuen.

****

Gefüllte runde Teigtaschen

Zutaten:

250 g Mehl und Grieß, sieben
125 g Butter
1 Teelöffel Rosen- oder Orangenblütenwasser
Puderzucker

Zutaten für die Füllung:

ca. 200 g Datteln, entkernen und harte Stellen entfernen
100 ml Wasser

○ Datteln in einen Topf geben, Wasser darübergießen ➡ kurz zum Kochen bringen, dann bei schwacher Hitze köcheln lassen, bis die Datteln weich sind ➡ Dattelmasse gut verkneten und beiseite stellen.

So wird es gemacht:

☺ Mehl und Grieß in eine Schüssel geben ➡ Butter dazugeben und gut verkneten ➡ Rosen- oder Orangenblütenwasser und etwas Wasser darübergeben und zu einem glatten, weichen Teig verkneten ➡ mit einem feuchten Tuch zudecken und 1 Stunde stehen lassen.

☺ Den Teig zu kleinen Kugeln formen (4 bis 5 cm Durchmesser) ➡ die einzelnen Kugeln auf einen flachen Teller legen und flachdrücken ➡ Dattelfüllung in die Mitte geben und den Teig rundherum in Richtung Mitte zusammendrücken ➡ Fläche glätten, damit die Füllung nicht auslaufen kann ➡ die gefüllten runden Teigtaschen auf ein Backblech legen und in die Oberflächen mit Hilfe einer Gabel Muster einritzen ➡ Backblech in den vorgeheizten Backofen (170°C) schieben und ca. 20 bis 25 Minuten backen. Die gefüllten runden Teigtaschen dürfen nicht braun werden, sonst werden sie hart ➡ Teigtaschen abkühlen lassen, danach Puderzucker daraufstreuen ➡ zu Tee oder Kaffee servieren.

✲✲✲✲✲✲✲✲✲✲

Krapfen (Yoyo)

Zutaten:

500 g Mehl, sieben
4 Eier, aufschlagen, in eine Schale geben und verrühren
100 g feiner Zucker
1 Päckchen Backpulver
1 Päckchen Vanillezucker
Saft einer Orange
1 Teelöffel Orangenblütenwasser
Öl und Butter
Zuckersirup (siehe Seite 113)
geriebene Mandeln

So wird es gemacht:

☺ Mehl in eine Schüssel geben ➟ Zucker, Backpulver und Vanille dazugeben und gut vermengen ➟ in die Mitte eine Mulde drücken und Eier, Orangenblütenwasser, Orangensaft und 2 Esslöffel Öl oder Butter dazugeben und gut verkneten ➟ nach und nach Wasser dazugeben und zu einem glatten Teig kneten ➟ mit einem feuchtem Tuch zudecken und 30 bis 40 Minuten stehen lassen.
☺ Teig in 3 bis 4 Teile schneiden und zu Fladen ausrollen (ca. 1 cm dick), dann mit Hilfe einer Tasse runde Kreise ausstechen und in jeden Kreis mit dem Finger ein Loch in die Mitte stechen ➟ reichlich Öl in einem Topf erhitzen, dann die Krapfen hineingeben und braten, bis sie Farbe annehmen ➟ aus dem Öl nehmen, abtropfen lassen ➟ die heißen Krapfen in Sirup tauchen und auf einen Teller legen, mit geriebenen Mandeln bestreuen und servieren.

✳✳✳✳✳✳✳✳✳

Teigtaschen mit Datteln

Zutaten:

300 g Mehl, sieben
1 Päckchen Trockenhefe
Eine 3/4 Tasse Wasser
Prise Zucker
2 bis 3 Esslöffel Öl, zerlassene Butter oder Butterfett
* Man kann auch gefrorenen Blätterteig verwenden.

Zutaten für die Füllung:

200 bis 250 g Datteln, entkernen und harte Stellen entfernen
Prise Kardamompulver
100 ml Wasser
evtl. Rosen- und/oder Orangenblütenwasser
Puderzucker

○ Datteln in einen Topf geben, Wasser darübergießen ➟ kurz zum Kochen bringen, Kardamompulver dazugeben, dann bei schwacher Hitze köcheln lassen, bis die Datteln weich sind ➟ Rosen- und/oder Orangenblütenwasser dazugeben, Dattelmasse gut verkneten und beiseite stellen.

So wird es gemacht:

☺ Mehl in eine Schale geben ➟ in die Mitte eine Mulde drücken ➟ Hefe mit etwas Wasser und einer Prise Zucker mischen und in die Mulde geben ➟ Schale zudecken und beiseite stellen, bis die Hefe aufgeht ➟ Öl, Butter oder Butterfett und Wasser nach und nach zum Mehl geben und gut verkneten ➟ Teig mit einem feuchten Tuch zudecken und ca. 40 Minuten stehen lassen ➟ vor dem Ausrollen nochmals kneten ➟ den Teig in kleine Stücke schneiden und zu rechteckigen dünnen Blättern ausrollen ➟ auf jedes Blatt Dattelfüllung geben ➟ die untere Ecke über die Füllung schlagen, dann die Seiten, danach in Richtung Spitze rollen (Ränder anfeuchten und fest andrücken).

☺ Backofen auf 200°C vorheizen.

☺ Die fertig geformten Teigrollen auf ein eingefettetes Backblech geben ➟ in den Backofen schieben und ca. 15 Minuten backen, bis sie Farbe annehmen ➟ auf einen Teller geben und mit Puderzucker bestreuen.

✳✳✳✳✳✳✳✳✳✳

Gefüllte Teigrollen in Honig

Makrut bil Assal

Zutaten:

3 Tassen Mehl, sieben
1 Tasse Wasser
1 Tasse Butter oder Butterfett
Prise Salz

Zutaten für die Füllung:

1 Tasse geriebene Mandeln
1 Tasse Puderzucker
3 bis 4 Esslöffel Rosen- oder Orangenblütenwasser
1 Teelöffel Zimt
Honig
Öl

So wird es gemacht:

☺ Mehl in eine Schale geben ⇒ Prise Salz und Butter oder Butterfett dazugeben und gut verkneten ⇒ Wasser nach und nach dazugeben und gut verkneten ⇒ einige Minuten beiseite stellen.

☺ Mandeln, Zucker, Rosen- oder Orangenblütenwasser und Zimt in eine Schale geben und mit der Hand gut verkneten.

☺ Teig in kleine Stücke teilen und zu kleinen Kugeln formen ⇒ in die Mitte eine Mulde drücken, dabei die Kugel drehen, damit die Teigwand dünn wird ⇒ Füllung in die Mitte geben und die Öffnung glätten, damit die Füllung nicht auslaufen kann ⇒ gefüllte Kugeln länglich rollen ⇒ Öl in einer Pfanne erhitzen und die Teigrollen darin braten ⇒ aus der Pfanne nehmen, kurz abkühlen lassen, in Honig tauchen und auf einen Teller geben.

✳✳✳✳✳✳✳✳✳✳

Mandelkugeln in Sirup

Makrut bil Laus

Zutaten:

500 g geriebene Mandeln
3 Eier, aufschlagen, in eine Schale geben und kurz verrühren
Maismehl oder normales Mehl
geriebene Zitronenschale
Zuckersirup (siehe Seite 113)
Puderzucker

So wird es gemacht:

☺ Backofen auf 200°C vorheizen.
☺ Mandeln, Eier und geriebene Zitronenschale in eine Schüssel geben und gut verkneten ➡ Mandelteig zu kleinen Kugeln formen ➡ Arbeitsplatte mit Mehl bestreuen und die Mandelkugeln darauflegen und flachdrücken, dann in eine längliche Form schneiden und auf ein Backblech legen ➡ mit Mehl bestreuen und im Backofen ca. 10 Minuten backen ➡ aus dem Ofen nehmen und abkühlen lassen ➡ in Sirup tauchen und abtropfen lassen, dann in Puderzucker wälzen und in eine Schale geben.

✴✴✴✴✴✴✴✴✴✴

Gefüllte Blätterteigrollen mit Nüssen

Zutaten:

1 Beutel Blätterteig (Jufka) oder 2 Pakete tiefgefrorener Blätterteig
100 g Zucker
200 g verschiedene gehackte Nüsse, z.B. Pistazien, Mandeln, Walnüsse....
1 Teelöffel Zimt
1 Esslöffel Rosenwasser
ungesalzene Butter
Puderzucker
Öl

121

So wird es gemacht

☺ Nüsse mit Zucker, Zimt und Rosenwasser gut verkneten.

☺ Blätterteig halbieren (gefrorenen Blätterteig ausrollen) ➡ die einzelnen Scheiben in der Mitte mit Butter bepinseln ➡ Füllung länglich darauf legen ➡ die Seiten in Richtung Mitte einschlagen und zu einer länglichen Form rollen (wie eine Zigarre) ➡ Öl in einer tiefen Pfanne erhitzen (das Öl darf nicht zu heiß sein) ➡ die Rollen für kurze Zeit darin braten ➡ aus dem Öl nehmen und abtropfen lassen ➡ auf einen Servierteller legen und mit Puderzucker bestreuen.

○ Man kann die Rollen auch auf ein Backblech legen und im vorgeheizten Backofen (150 bis 170°C) für ca. 15 Minuten backen, zwischendurch wenden.

****

Grüner Tee

Zutaten:

1 bis 2 Esslöffel grüner Tee
Zucker
1 Esslöffel frische Pfefferminzblätter oder getrocknete Pfefferminze

So wird es gemacht:

☺ Wasser im Teekessel zum Kochen bringen.

☺ Den Grünen Tee in eine Teekanne geben ➡ ca. 1 Tasse kochendes Wasser darübergießen, dann in ein Teeglas gießen und wieder in die Kanne geben, dieser Vorgang muß mehrmals wiederholt werden ➡ Minze und Zucker (nach Belieben) zum Tee geben ➡ Zucker in Tee auflösen ➡ das neue Gemisch in ein Glas gießen und wieder in die Kanne geben (mehrmals) ➡ kochendes Wasser zum Tee geben und umrühren ➡ mit Zucker abschmecken und in Teetassen servieren.

****

Heißes Milchgetränk

Zutaten:

2 Tassen Milch (ca. 400 ml)
1 Teelöffel Orchispulver (Sahlab)
Prise Zimt
evtl. gehackte Pistazien

So wird es gemacht:

☺ Milch in einen Topf geben und langsam erhitzen ➟ Orchispulver dazugeben und gut in Milch auflösen (kräftig rühren) ➟ bei schwacher Hitze ca. 10 Minuten köcheln lassen, dabei ununterbrochen rühren, bis das Gemisch dicker wird ➟ in Tassen geben und mit Pistazien und Zimt garnieren ➟ heiß servieren.

✳✳✳✳✳✳✳✳✳✳

Grießkonfekt in Sirup

Zutaten:

2 Tassen feiner Grieß
1/2 Tasse Mehl
200 g Zucker
ca. 60 ml Milch
1 Teelöffel Backpulver
125 g Butter
einige Tropfen Vanilleessenz

Zutaten für den Sirup:

200 g Zucker
750 ml Wasser
3 bis 4 Esslöffel Orangenblütenwasser
100 g Rosinen (ohne Kerne)
100 g halbe, blanchierte Mandeln
50 g gehackte Pistazien

123

So wird es gemacht

☺ Die Butter in einem Topf zerlassen ⟶ die restlichen Zutaten dazugeben und mit einem Holzlöffel gut mischen ⟶ Grießteig auf einem eingefetteten Backblech verteilen und flachdrücken ⟶ in den vorgeheizten Backofen (250°C) schieben und 25 bis 30 Minuten backen ⟶ aus dem Ofen nehmen und in Vierecke schneiden.

☺ **Den Sirup herstellen:**
Wasser, Zucker und Orangenblütenwasser in einen Topf geben ⟶ solange rühren, bis sich der Zucker aufgelöst hat ⟶ Rosinen, Mandeln und Pistazien dazugeben ⟶ kurz erhitzen ⟶ abkühlen lassen und über das heiße Grießkonfekt geben ⟶ heiß oder kalt servieren.

✳✳✳✳✳✳✳✳✳✳

Grießkonfekt mit Kokosnuss

Zutaten:

2 Tassen feiner Grieß
1/2 Tasse Mehl
200 g Zucker
ca. 60 ml Milch
1 Teelöffel Backpulver
125 g Butter
1 Tasse geraspelte Kokosnuss
einige Tropfen Vanilleessenz
Zuckersirup (siehe Seite 113)

So wird es gemacht:

☺ Die Butter in einem Topf zerlassen ⟶ die restlichen Zutaten dazugeben und mit einen Holzlöffel gut mischen ⟶ Grießteig auf einem eingefetteten Backblech verteilen und flachdrücken ⟶ in den vorgeheizten Backofen (250°C) schieben und 25 bis 30 Minuten backen ⟶ aus dem Ofen nehmen und in Vierecke schneiden, Sirup darübergeben und servieren.

✳✳✳✳✳✳✳✳✳✳

124

Einlegen in Essig

Afrikanische und orientalische Rezepte

Eingelegte Pfefferschoten

Zutaten:

125 g Pfefferschoten, der Länge nach halbiert, entkernt und in Scheiben oder Streifen geschnitten
125 g kleine Tomaten, in Scheiben geschnitten
2 bis 3 Zwiebeln, in Scheiben geschnitten
150 g brauner Zucker
200 ml Essig
je 1 Teelöffel Nelkenpulver und Zimt
30 g Salz

So wird es gemacht:

☺ Pfefferschoten und Tomatenscheiben waschen und abtropfen lassen.

☺ Zwiebeln, Pfefferschoten und Tomaten in eine Schale geben und mit Salz bestreuen ⟶ einen Teller oder eine Schale mit Wasser daraufstellen und das Ganze über Nacht stehen lassen ⟶ in ein Sieb geben und abtropfen lassen.

☺ In einen Topf geben und mit Zucker, Nelkenpulver und Zimt bestreuen ⟶ Essig darübergießen und umrühren ⟶ auf kleiner Flamme ca. 1½ bis 2 Stunden köcheln lassen ⟶ in Gläser füllen und 1 Woche stehen lassen.

Eingelegte Auberginen

Zutaten:

500 g kleine Auberginen
ca. 2 cm Ingwerwurzel, gehackt
25 g Chilischoten
2 Knoblauchzehen, mit Salz und etwas Essig zerdrücken
150 ml Essig
75 g Nussöl oder eine andere Ölsorte
50 g Zucker
je 1/2 Esslöffel Salz und Kümmelsamen
je 1/2 Teelöffel Chilipulver, Currypulver, Kurkuma, Garam
Masala (Gewürz) und Ingwerpulver

So wird es gemacht:

☺ Von den Auberginen die Stielansätze abschneiden, waschen und in Scheiben schneiden (ca. 3 cm dick).
☺ Zerdrückte Knoblauchzehen, Chilipulver, Currypulver, Kurkuma, Garam Masala und Ingwerpulver in einen Mörser geben und zu einer Paste zerdrücken.
☺ Öl erhitzen ➡ Kümmelsamen dazugeben und 1 Minute rösten ➡ Gewürzpaste dazugeben und auf kleiner Flamme 1 bis 2 Minuten braten ➡ Essig, Zucker und Salz dazugeben und umrühren ➡ Auberginenscheiben, Chilischoten und Ingwerwurzel dazugeben und köcheln lassen, bis das Gemüse gar ist ➡ kalt stellen ➡ vor dem Servieren einen Tag stehen lassen.

Variante 2

Zutaten:

500 g Auberginen
4 Knoblauchzehen, gehackt
150 ml Essig
1 Esslöffel Oregano
Olivenöl oder eine andere Ölsorte
Salz

So wird es gemacht:

☺ Auberginen schälen und in Scheiben schneiden ⇒ salzen und 2 bis 3 Stunden in ein Sieb legen, damit die bitteren Säfte austropfen können ⇒ die abgetropften Scheiben ca. 10 Minuten in den mit etwas Wasser verdünnten Essig legen ⇒ in ein Sieb geben und abtropfen lassen ⇒ in einen Steintopf oder ein Glas schichten, dazwischen Knoblauch und Oregano verteilen ⇒ die Auberginenscheiben mit Öl bedecken und den Topf schließen ⇒ eine Woche stehen lassen.

✩✩✩✩✩✩✩✩✩✩

Eingelegte Mangos

Zutaten:

> 4 Mangos (ca. 500 g), entkernt, geschält und in kleine Stücke geschnitten
> 125 ml Essig
> 1 Tasse Zucker
> 1 Esslöffel gehackte Ingwerwurzel
> 1 bis 2 Teelöffel Chilipulver
> Salz

So wird es gemacht:

☺ Alle Zutaten in einen Topf geben ⇒ umrühren ⇒ kurz zum Kochen bringen, auf kleiner Flamme köcheln lassen, bis die Mangos saftig sind und die Soße dick ist ⇒ vom Herd nehmen ⇒ in eine Schale geben und beiseite stellen ⇒ ein Glas vorwärmen ⇒ Mangos in das Glas füllen und verschließen.

✩✩✩✩✩✩✩✩✩✩

Eingelegte Rüben

Zutaten:

500 g weiße Rüben
Sellerielauch
2 Knoblauchzehen
1 rohe rote Rübe (Rote-Bete), geschält und in Scheiben geschnitten
2 Esslöffel Salz
150 ml Essig
400 ml Wasser
1 Teelöffel Chilipulver

So wird es gemacht:

☺ Weiße Rüben waschen, schälen und vierteln ➟ in einen Steintopf oder ein Glas schichten, dazwischen Sellerielauch, Knoblauch und Rote-Bete legen.
☺ Essig, Chilipulver, Wasser und Salz verrühren und über die geschichteten Rüben gießen ➟ Topf zudecken und an einen warmen Platz stellen ➟ 10 Tage stehen lassen, danach zum Essen servieren und innerhalb von 35 Tagen verbrauchen.

✰✰✰✰✰✰✰✰✰✰

Eingelegter Knoblauch

Zutaten:

Knoblauchzehen, nach Belieben
Salz und Weinessig

So wird es gemacht:

☺ Knoblauchzehen schälen und in ein Glas schichten ➟ Salz in Essig auflösen ➟ Knoblauchzehen damit bedecken ➟ Glas schließen und für ca. 5 bis 6 Monate stehen lassen.

✰✰✰✰✰✰✰✰✰✰